Monika Specht-Tomann/ Doris Tropper

Wege aus der Trauer

Monika Specht-Tomann
Doris Tropper

Wege aus der Trauer

Kreuz

november 2003

Die Deutsche Bibliothek – CIP-Einheitsaufnahme
Ein Titeldatensatz für diese Publikation ist bei
Der Deutschen Bibliothek erhältlich.

1 2 3 4 5   05 04 03 02 01

© 2001 Kreuz Verlag GmbH & Co. KG Stuttgart
Ein Unternehmen der Dornier Medienholding GmbH
Postfach 80 06 69, 80507 Stuttgart, Tel: 0711/78 80 30
Sie erreichen uns rund um die Uhr unter www.kreuzverlag.de
Umschlagbild: Waltraud Grießer, Mönchengladbach
Umschlaggestaltung: Atelier Reichert, Stuttgart
Druck und Bindung: Clausen & Bosse, Leck

Die Schreibweise entspricht den Regeln der neuen Rechtschreibung.

ISBN 3 7831 1905 7

Inhalt

Einführung

„Nein, das kann doch nicht wahr sein!« Dieser Aufschrei eines von Leid und Schmerz getroffenen Menschen drückt das aus, was alle erfahren, die den Tod eines geliebten Menschen erleben müssen. Es ist die erste Reaktion auf den Verlust eines Menschen und zeigt, wie unfassbar der Tod ist. Wir alle wissen, dass Leben und Tod zusammengehören. Wir alle wissen, dass jedes Leben mit dem Tod endet. Und doch stehen wir immer wieder wie gelähmt, zutiefst betroffen, verzweifelt und fassungslos vor der Tatsache, dass der Tod auch in unser Leben eingreift und uns geliebte Menschen, vertraute Freunde für immer fortnimmt. Schlagartig verändert sich die Welt! Für einen Trauernden bleibt kein Stein auf dem anderen.

»Es ist so, als hätte mir jemand den Boden unter den Füßen weggezogen.«

»Ich habe das Gefühl, nicht mehr genug Luft zu bekommen.«

»Alles ist dunkel, ich fühle mich wie unter einer bleiernen Decke.«

»Ich weiß nicht mehr weiter, das Leben hat für mich jeden Sinn verloren.«

Diese Sätze stammen von Trauernden, die einen lieben Menschen verloren haben. Sie sind Ausdruck eines Gefühls, das vom ganzen Menschen Besitz ergreift, und dieses Gefühl heißt *Trauer*.

Jeder, der einen Verlust erleiden muss, empfindet Trauer. Was aber steckt hinter diesem Wort?

Trauer ist die *natürliche* Reaktion des Menschen auf Verlust- und Abschiedssituationen. Sie ist ein Bemühen der Seele, mit den niederschmetternden Empfindungen eines Verlustes fertig zu werden.

Trauer umfasst eine Fülle von Gefühlen, Gedanken und seelischen sowie körperlichen Reaktionen:

»Ich fühle mich so leer«, sagt Frau N. nach dem Tod ihres Mannes.

»Meine Gedanken gehen im Kreis«, sagt Herr H. nach dem Tod seines Vaters.

»Ich kann kaum mehr schlafen«, sagt Frau A. nach dem Tod ihres Sohnes.

Wenn Menschen trauern, so sind sie in ihrem *ganzen* Menschsein berührt. *Alle* Lebensbereiche werden von der Trauer beeinflusst und bestimmt. Diese Erfahrung ist eine Lebens-Erfahrung und setzt nicht erst beim Tod eines geliebten Menschen ein. Trauer und Freude sind wie ein unzertrennliches Geschwisterpaar in unser Leben verwoben. Sie begleiten unser Leben von der Geburt bis zum Tod. Wie viele Abschiede hat jeder von uns schon erfahren! Abschiede von Lebenssituationen, Landschaften, Freunden und Ideen.

Doch beim Tod eines geliebten Menschen ist alles anders! Wir erleben all dies in sehr konzentrierter Form, was bei jedem Abschied passiert. Der Trennungsschmerz stürzt uns in seelische Abgründe, lässt uns an Gott und der Welt zweifeln, lähmt unser Tun, lässt uns rastlos nach dem Verlorenen suchen. Ein »normales« Leben scheint uns unmöglich! Erst langsam wird der Schock überwunden, lichten sich die Nebel und neue Perspektiven können ins Auge gefasst werden.

Auch wenn diese Zeit – die *Trauer-Zeit* – für viele eine schwere und schmerzhafte Zeitspanne ist, so ist der Prozess des Trauerns nicht negativ zu sehen. Vielmehr ist es gerade die Trauer, dieses elementare Lebensgefühl, das es uns Menschen erst möglich macht, mit den vielen großen und kleine Verlusten unseres Lebens fertig zu werden. Die Trauer ist ein ganz wichtiges Lebens-Gefühl und hilft uns, die Schattenseiten des Lebens anzunehmen und in das Leben einzubeziehen.

Trotzdem: Trauer ist harte Arbeit!
Und: Trauer braucht Zeit!

Es ist anstrengend, sich den niederdrückenden *Gefühlen* zu stellen, sie auszuhalten und mit ihnen weiter zu leben …

Es ist mühsam, sich mit den immer wiederkehrenden *Gedanken* auseinanderzusetzen, mit den Fragen nach Schuld und den Fragen nach dem Sinn des Lebens …

Es fällt schwer, mit den *Reaktionen* des Körpers fertig zu werden, mit den Schlafstörungen, der Ruhelosigkeit, den Antriebsschwächen ...

Trauernde sind wie Reisende in ein unbekanntes Land. Einiges ist über dieses Land bekannt. Vieles aber bleibt vage und unklar, muss von jedem Trauernden selbst erfahren und durchwandert werden. Dabei kann es wertvoll und wichtig sein, Hilfestellungen zu bekommen.

Die vorliegende Broschüre ist eine Art Reisebegleiter durch das Land der Trauer. Sie beschreibt die *Phasen der Trauer*, beleuchtet die *typischen Trauerreaktionen*, gibt Impulse und Anregungen für den *Umgang mit Trauersituationen* und zeigt Möglichkeiten für eine *Trauerbegleitung* auf. Sie wendet sich an Betroffene selbst, aber auch an all jene Menschen, die Trauernden zur Seite stehen möchten.

Wir hoffen, dass dieses Heft Trauernden und ihren Begleitern zu einem echten Freund in der bewegten Zeit der Trauer wird!

Stationen der Trauer – der Trauerprozess

Die Trauer, das schmerzliche Innewerden eines Verlustes, hat viele Gesichter und erfasst den Menschen in seiner Gesamtheit. Gerade in den ersten Tagen und Wochen wirft die Trauer uns zu Boden, macht uns klein und hilflos und ist scheinbar nicht zu ertragen. Die alte Weisheit, »dass die Zeit Wunden heilt«, mag ihre Gültigkeit besitzen, denn der trauernde Mensch begibt sich in seinem ersten Kummer und Schmerz auf eine lange Reise durch die inneren und äußeren Landschaften seiner ganz persönlichen Trauer. Diese Reise in ein oft unbekanntes Land ungeahnter Höhen und Tiefen bedarf »seiner« Zeit und kann sich daher tatsächlich über Jahre erstrecken. Es sind verschiedene Stationen der Trauer, die immer wieder – ähnlich wie auf einer Marathonstrecke – durchlaufen, überquert und gemeistert werden müssen. Welche Stationen sind besonders markant und werden von allen Trauernden erlebt?

1. Station: Ablehnung der Trauer
2. Station: Aufbruch der Trauergefühle
3. Station: Auseinandersetzung mit den Trauergefühlen
4. Station: Annahme der Trauer

So wie jeder Mensch anders lebt, trauert auch jeder Mensch anders. Dabei hängt es davon ab, wie gut ein Trauernder in ein soziales Netz eingebunden ist, ob es noch Angehörige und Freunde gibt, die als Begleiter bereit sind, diese Reise über die inneren und äußeren Landkarten der Trauer mitzumachen. Jeder neue Verlust ruft in unserem Gedächtnis immer wieder alle vorangegangenen Abschiede hervor. Dabei zeigt sich, wie gut oder weniger gut wir im Laufe unseres Lebens auf Abschiednehmen und Loslassen reagiert haben, welche Rituale und Strategien uns immer wieder geholfen haben, mit den schweren und düsteren Seiten eines Lebens fertig zu werden.

Bleiben wir nun bei einem aktuellen Traueranlass. Viele Trauernde fühlen sich von der Welt so ausgeschlossen, weil sie selbst ihre

Reaktionsweisen und ihr Verhalten als nicht »normal« erleben. Sie versuchen vielleicht, die Trauer wegzuschieben, »zur Tagesordnung« überzugehen oder sich intensiv abzulenken. Tatsache ist jedoch, dass die Trauer über viele verschiedene Gefühlsebenen immer wieder, teilweise mit heftigen Ausdrucksformen, sich ihren Weg aus dem Inneren eines Menschen nach außen bahnt. Auf Dauer gesehen lässt sich die Trauer nicht wegschieben!

Was bedeuten nun die einzelnen Stationen des Trauerprozesses für den Trauernden und wie werden sie erlebt?

Ablehnung der Trauer

Verleugnen und Verdrängen sind die ersten Reaktionsweisen auf jede Form von Verlust. Am Beginn seines Trauerweges muss jeder Mensch durch eine unwirkliche, leere Wüstenlandschaft. Es ist nichts vorhanden, an das man sich in seinem ersten Schmerz klammern kann, nichts, das Schutz ermöglicht: kein Baum, kein Haus und auch keine Hand. Trauernde sind wie blind und gelähmt, zu tief sitzen Schock und Unglaube über das Erlebte: »Nein, das kann nicht wahr sein!« Dabei spielt zunächst keine Rolle, ob der Tod eines geliebten Menschen absehbar war oder sich plötzlich und unerwartet ereignet hat. Menschen stürzen nach Erhalt der Todesnachricht oft in ein Chaos der Gefühle, das kaum zu ertragen ist: Schmerz, Ohnmacht und Erstarrung bewirken einen Zustand der Schwebe. Die Welt, so wie sie sich bisher gezeigt hat, ist zerbrochen und aus allen Fugen geraten. Nichts kann wieder so wie früher werden. Alles hat sich verändert. Manche Menschen stehen einsam und hilflos vor einem riesengroßen Scherbenhaufen ihres Lebens. Diese Situation löst einen schweren Schockzustand aus, innere Leere und Empfindungslosigkeit sind typische Gefühle der ersten Trauerstation.

Sprachlos und verwirrt klammert sich der trauernde Mensch an die Illusion, dass all das nicht wirklich ist, dass es wieder ungeschehen gemacht werden kann und dass dieser Verlust bloß ein böser Traum ist, aus dem man wieder erwachen wird. Doch die Seifenblase mit Namen »Illusion« zerplatzt irgendwann und die Gefühle des

Schmerzes ergreifen Besitz und sind kaum noch zu ertragen. In diesen ersten Tagen und Wochen sind es die notwendigen Schritte wie die Organisation des Begräbnisses, die Verständigung der Angehörigen und Freunde, notarielle Angelegenheiten und Regelungen im Zusammenhang mit dem Todesfall, die den trauernden Menschen aufrecht halten und zu einem funktionalen Tun tagsüber zwingen. Am Abend jedoch, wenn die Dämmerung hereinbricht, ergreift die öde, innere Wüstenlandschaft wieder Besitz vom Menschen und der Schmerz über den Verlust brennt wie Feuer.

Aufbruch der Trauergefühle

Der weite Weg durch die Wüstenlandschaft führt unweigerlich zu einem großen, aktiven Vulkan, in dem es brodelt und wo flüssige Lava nur auf ihren Ausbruch wartet. Diese 2. Station im Trauerprozess ist die Phase der *Aggression*, in der Wut, Zorn und Ohnmacht, aber auch alle Angst- und Hassgefühle sich ihren eruptiven Weg nach außen bahnen müssen. Langsam löst sich die Starre der ersten Zeit wieder und häufig geht die Empfindungslosigkeit plötzlich und unerwartet in heftige Emotionen über. Es ist völlig normal und auch sehr wohltuend, einmal all den *Zorn* darüber, alleingelassen worden zu sein, wie Blitze aus der Seele herauszulassen und die *Wut* gegen Gott und die Welt über den »so ungerechten Verlust« aussprechen, ja ausschreien zu können. In diesem heftigen Wechselbad der Gefühle kommt es auch immer wieder zu *Beschuldigungen* gegen andere, weil für kurze Zeit dadurch der Schmerz ein wenig gelindert werden kann.

Diese Situation heftig aufbrechender Emotionen bringt auch eine Reihe schwarzer Schatten mit sich und verdunkelt den Horizont. Es sind die würgenden *Gefühle der Angst*, die durch Einsamkeit und Verlassen-worden-sein noch verstärkt werden und in dem ausgesprochenen Wunsch, »am liebsten selbst auch tot zu sein«, gipfeln. Und es sind jene belastenden *Schuldgefühle*, nicht genug für den Verstorbenen getan zu haben, eben noch etwas *schuldig* geblieben zu sein. Und immer wieder brodelt es aus dem Innersten des Vulkans hervor: *Wut, Ohnmacht, Zorn, Traurigkeit, Angst und Schuldgefühle* – gefangen in diesem Kreislauf der Emotionen, scheint es dem trauernden Menschen, dass es keinen Ausweg und kein Entrinnen mehr gibt und die Landschaft der Gefühle unter einer metertiefen, erstarrten Lavamasse liegt.

Mit der Zeit – nach einigen Wochen oder Monaten, je nach dem sehr persönlichen Tempo – geht es zaghaft einige Schritte vorwärts. Zurück liegen die Wüstenzeit und der Vulkanausbruch. Jetzt erwarten den trauernden Menschen eine Steppe und ein steiniger Weg. Gelingt es, den Tränenschleier zu lüften, so kann man das Licht und die Sonne spüren und einzelne kleine Büsche und Sträucher sehen, ein wenig Grün nach so viel Finsternis und Feuersbrunst. Manchmal flattert auch ein Schmetterling über die Landschaft. Dieses zerbrechliche und vergängliche Wesen ist wie ein Symbol dafür, dass auch der Trauernde noch sehr empfindlich reagiert und auf stolpernden Beinen steht.

Auseinandersetzung mit den Trauergefühlen

Bei der 3. Station auf dem langen Trauerweg stehen das *Suchen* und das *Verhandeln* im Vordergrund. Der trauernde Mensch hat mittlerweile viele Höhen und Tiefen durchlitten und ist seinem Weg gefolgt. Nach dem ersten Schock und dem Nicht-wahrhaben-können, nach der Zeit heftigster Wutausbrüche muss der Trauernde sich nun mit allen Trauergefühlen konkret auseinandersetzen. Er möchte etwas gegen den schmerzhaften Verlust *tun*. Wenn wir etwas verlieren, dann suchen wir danach. Das ist ein ganz natürlicher Vorgang. Auch im Trauerprozess verhält es sich so: Der verstorbene Mensch wird überall gesucht. Es wird nun klar, dass der Tod real ist und nicht mehr rückgängig gemacht werden kann. Zu groß ist die Lücke, die das Sterben eines geliebten Menschen in unser soziales Beziehungsnetz gerissen hat. In dieser steinigen Steppenlandschaft wird die Erinnerung an den »verlorenen« Menschen wieder wach, mit dem man ganz bestimmte Erfahrungen, Erlebnisse teilte und der zum Begleiter für einen langen oder kurzen Lebensweg wurde. In den Gesichtern vorbeieilender Unbekannter wird nach den geliebten Gesichtszügen gesucht, um die Erinnerung festzuhalten, um ja nichts zu vergessen. Dieses intensive Festhalten führt dazu, dass der Verstorbene in Tagträumen phantasiert wird, dass er als Traumgestalt auftaucht und plötzlich auch gesehen wird (»Sie steht draußen vor dem Fenster im Garten …«).

Dieser Versuch, sich noch einmal die Person des Verstorbenen »anzueignen«, führt auch zu allerlei *Verhandlungsstrategien,* die wir von uns selbst aus anderen Situationen heraus gut kennen. (»Ich nehme die bittere Medizin, damit ich morgen am Abschlussfest teilnehmen kann.« – »Ich spende mein Vermögen der Kirche, wenn mein Sohn wieder ganz gesund wird!«) Ähnliche Aussagen kommen auch von trauernden Menschen in dieser Station ihres noch weiten Weges: »Wenn mein Mann doch nur ein einziges Mal noch für eine Stunde bei mir sein könnte, weil wir noch so Wichtiges zu besprechen hätten!« – »Wenn sie kommen könnte, dann würde ich mit ihr noch einmal in die Berge zu unserem Lieblingsplatz fahren.« Lautes Reden mit dem Verstorbenen und innere Zwiegespräche prägen diese Zeit des Verhandelns und Suchens. Es ist aber auch eine mit innerer Unruhe, Verzweiflung und Spannung verbundene Phase des Trauerns. Wenn sich das Licht am Horizont wieder in Gewitterwolken hüllt und sich Dunkelheit wie ein schweres, schwarzes Tuch über den Trauernden breitet, dann kommen auch wieder Selbstmordgedanken hoch und die Frage nach dem Sinn im Leben (»Wie lange muss ich noch leben?«).

Ist der Trauerprozess ein »gesunder«, dann gibt es kein dauerhaftes Innehalten oder Stehenbleiben an einem Ort im weiten Land der Trauer und es helfen auch kein Erstarren oder Sich-fest-klammern. Nach vielen Wochen oder Monaten, manchmal auch Jahren, gelangt der trauernde Mensch an seine vorletzte Station: Das ist ein tiefer See nach außen oder innen geweinter Tränen. Wer sich an seinem Ufer niederlässt und sein Spiegelbild auf dem dunklen Wasser betrachtet, der erfährt, wie wichtig und heilsam Tränen sein können. Noch einmal erfasst den Trauernden die tiefe *Traurigkeit,* die Depression, wenn mit der Dämmerung, durch einen Geburtstag oder ein Fest im Jahreskreislauf (etwa Weihnachten, Ostern, Allerheiligen) die Erinnerung an den Verstorbenen wieder lebendig wird und von ihm Besitz ergreift.

Diese Station des Trauerweges ist aber auch ein markanter Wendepunkt: Der trauernde Mensch allein entscheidet, ob er sich weiter auf den Weg macht, um durch das Tal der Trauer zu neuen Ufern zu gelangen, oder ob er am Tränensee verbleibt und immer nur weiter sein Leid beklagt, in Tränen zerfließt, vielleicht sogar im tiefen See der Trauer ertrinkt. Die Traurigkeit und das Weinen gehören zu jedem Trauerprozess, sind unverzichtbare »Bestandteile« unseres Lebens und machen uns zu »menschlichen« Wesen. Tränen sind ein Reinigungsprozess, sie bringen ähnlich wie Gebirgsbäche, die später zu einem Fluss werden und am Ende in einen See oder gar ins Meer münden, negative Gefühle und Emotionen zum Fließen und damit zum Abklingen. Das ermöglicht auch wieder ein Zurückschauen auf das, was einmal war und durch den Tod eines geliebten Menschen nie wieder in dieser Form (er)lebbar ist.

Annahme der Trauer

Sich mit dem Tod eines Menschen abzufinden und dabei die Trauer mit all ihren Symptomen als notwendiges, begleitendes Lebensgefühl zu erleben, führt letztendlich dazu, dass Menschen »mehr wissen vom Leben« und trotz noch so heftiger Gefühlsstürme irgendwann in einem sicheren Hafen mit Namen Geborgenheit landen. Die Rückerinnerung holt die schönen Stunden wieder zurück. Sie ermöglicht es dem Trauernden, dankbar zu sein für jene Tage, Wochen, Monate und Jahre, die man gemeinsam erleben durfte, aber auch innere Zufriedenheit über das, was möglich war.

Die letzte Station auf unserer Wanderschaft durch die Landschaft der Trauer ist jene der *Wandlung* und *Annahme*. Gelingt es dem Trauernden, sich vom Tränensee zu lösen und weiter einem steinigen, schmalen Pfad über einen hohen »Trauerberg« zu folgen, so gelangt er wieder zurück ins Leben. Auf der anderen Seite des Berges steht ein großes, altes Haus inmitten einer belebten, bunten Stadt. Das Haus hat viele Räume, viele Fenster und Türen und einen wunderschönen Blumengarten an der Hinterseite. In diesem Haus leben bereits Menschen, die sich freuen, den Heimkehrenden begrüßen und bewirten zu dürfen. Plötzlich fühlt sich der vom Leben ausgeschlossene Trauernde wieder lebendig und glücklich. Er freut sich über das Lachen der Kinder, er streichelt die Katze, die schnurrend ihn umkreist, er hört vertraute Stimmen und ist entzückt über die Vielfalt des Sommerblumengartens. Das Leben hat ihn wieder, aber seine Rolle ist jetzt eine andere geworden. Trauernde Menschen entdecken nun eine neue Selbständigkeit und sind glücklich und stolz, dem »Chaos entronnen zu sein und all die Schwierigkeiten gemeistert zu haben«.

Der verstorbene Mensch ist zu einem inneren Begleiter geworden und die Phantasien, Gedanken und Handlungen kreisen nicht mehr ausschließlich nur um den Toten. Es wird wieder möglich, Gestaltungsformen für das eigene Leben zu entdecken. Darin haben auch jene alten Erinnerungen ihren Platz, die – bearbeitet und modifiziert – gewissermaßen in einem neuen »Rahmen« an die Vergangenheit ohne Groll und Schmerz anknüpfen. Glück und Freude können nun wieder bewusst erlebt werden und eine innere Ruhe hält Einkehr. Allerdings hat die weite Reise durch die verschiedenen Stationen im Land der Trauer Spuren beim trauernden Menschen hinterlassen. Orientierungsschwierigkeiten, aber auch eine Anfälligkeit für Rückfälle und eine labile Stimmungslage bleiben noch lange Begleiterscheinungen des Trauerprozesses und erinnern an die harte Zeit des Trauerns.

Um an das Ende eines Trauerweges zu gelangen, um wieder Sonne und Licht um sich zu spüren, bedarf es aber auch der Überwindung verschiedenster Abwehrmechanismen, die ein Auflösen der Trauer erschweren oder gar verhindern können. Oft bedarf es auch des mehrmaligen Durchlaufens der angeführten Trauerstationen. So muss der Vulkanausbruch von Wut und Zorn und Hass vielleicht vier-, fünfmal oder noch öfter erlebt werden, ebenso die tiefe Traurigkeit, die in ein schwarzes Loch mit Namen Depression führt, oder auch das Nicht-wahrhaben-wollen. Neue, noch so kleine Verluste, aber auch Veränderungen und Ereignisse werfen den trauernden Menschen wieder zurück auf seiner Reise durch das Land der Trauer, machen ihn oftmals mutlos, klein und ängstlich.

Die Trauer hat viele Gesichter und Farben. Alle Menschen in Trauer lehnen sich zuerst gegen ihr Schicksal auf und kämpfen, doch irgendwann müssen der Kampf beendet und das Unabwendbare und Unvermeidliche angenommen werden. Gelingt dies, werden diese Menschen nach der Verarbeitung ihrer Trauer friedlich und ruhig sein und auch in Gelassenheit auf das warten, was im Leben noch auf sie zukommt. Gelingt es aber nicht, werden die

»Felder der Trauer« nicht bestellt und ereignen sich – wie im Leben eines jeden Menschen – noch weitere Verluste, Abschiede und Trennungen, so wachsen gewaltige »Trauerberge« bis zum Ende eines Lebens an. Jeder »neue« Abschied ist auch eine Chance für die Aufarbeitung oftmals lange zurückliegender, in den Tiefen unserer Seele verschütteter, alter »Trauergeschichten« und ungeweinter Kinder-Tränen.

Symptome der Trauer –
die Trauerreaktionen

Wir möchten nun die große Bandbreite aller möglichen körperlichen, seelischen und gedanklichen Reaktionsweisen trauernder Menschen aufzeigen, um dem *Trauernden* selbst klar zu machen, wie »normal« sein Verhalten in diesen schwierigen Wochen und Monaten nach dem Verlust ist. Aber auch *Angehörige* und *Begleiter* sollen erfahren, dass Trauer keine »ansteckende Krankheit« ist, sondern ein lebensbegleitendes Gefühl. Da Kinder und Jugendliche Trauer anders erleben als Erwachsene, gehen wir auch auf die altersspezifischen Verhaltensweisen (mit)betroffener junger Menschen ein.

Auf der Landkarte der Trauer finden sich verschiedenste Symptome, die mehr oder weniger stark zum Ausdruck kommen. Wenn wir bei unserem Bild mit der weiten Reise bleiben, so begleiten uns diese individuellen Reaktionsweisen wie Jahreszeiten: Heftige Herbststürme fegen über die Landschaften der Trauer; unter Schnee und Eis erstarren alle Gefühle; ein leichter Frühlingswind bringt das Eis zum Tauen und, am Ende unseres Trauerweges angelangt, sind wir wieder in der Lage, einen prachtvollen, duftenden Sommergarten mit all unseren Sinnen wahrzunehmen. So kommt es auch, dass die Barometer der Trauer zu Beginn unserer Reise selten auf sonnig zeigen, hier ist es noch eher bewölkt und regnerisch, manchmal auch sehr stürmisch. Erst im Verlauf des Prozesses verändert sich die Wetterlage und es wird zunehmend sommerlich, freundlich und warm. Dunkle Wolken ziehen jedoch immer wieder auf und verdüstern den Horizont.

Jede Trauersituation ist für den Betroffenen schwer. Dennoch gibt es eine schwere und eine leichte Trauer. Dies ist abhängig von verschiedenen Faktoren, die wir im nachhinein nicht mehr beeinflussen können, wie beispielsweise: *Art und Umstand des Todes, die Intensität der Beziehung zwischen Verstorbenem und Trauerndem, die Persönlichkeit des Menschen in Trauer oder die soziale und persönliche Situation zum Zeitpunkt des Verlustes.* Wenn es sich um eine schwere

Trauer handelt, weil etwa eine besonders nahestehende Person verstorben ist, so kommt es zu starken Abweichungen vom so genannten »normalen« Lebensverhalten:

- Eine tiefe und schmerzliche Verstimmung, die zu einer Interesselosigkeit an der Umwelt und an allem Lebendigen führt;
- die Unfähigkeit, seine Zuneigung einem Menschen oder etwas anderem zuzuwenden, und
- die Herabsetzung der Leistungsfähigkeit, was dazu führt, dass Menschen in Trauer oft nur wenige Stunden am Tag arbeiten können.

Markante Trauer-Reaktionen stehen immer in einem engen Zusammenhang mit der Schwere des Verlustes. Zu den schwersten Krisen im Leben eines jeden Menschen gehört der Tod des Lebenspartners. Dieser Verlust bedeutet nicht nur Einsamkeit und Trauer, Schmerz und Verzweiflung, sondern in vielen Fällen auch Gefahr für die körperliche und seelische Gesundheit. Manchmal drohen Jahre dauernder Hilflosigkeit und Depression, bis die Aufgabe der Neuorganisation, der Neuordnung aller sozialen Bezüge bewältigt ist!

Typische Trauerreaktionen

Werfen wir noch einmal einen Blick auf die verschiedenen Stationen im Zuge der Reise durch das Land der Trauer.

Ablehnung der Trauer

Auf jeden Verlust reagieren wir mit *Schock* und *Unglaube*, wir wollen und können es *nicht wahrhaben*. Typische Gefühle in dieser ersten Trauerphase sind daher eine innere Leere, ein *»Ausgehöhlt-sein«*, der Mensch in seiner Ganzheit fühlt sich *starr* und *betäubt*, *klein*, *ohnmächtig* und *hilflos*. Alles scheint *unwirklich* und chaotisch. Diese erste Station bringt eine Fülle heftiger und bedrohlicher seelischer Reaktionsweisen mit sich. Dazu gehören:

- Ein Zustand wie im schweren Schock mit verändertem Pulsschlag und Herzrasen;
- Schweißausbrüche, Übelkeit, Erbrechen;
- Motorische Unruhe – Bewegungslosigkeit – verzögerte Reaktionen;
- Sprachlosigkeit, Verwirrtheitszustände, körperliche und geistige Starre;
- Kontaktverweigerung, Desinteresse.

Aufbruch der Trauergefühle

Zwischen *Depression*, *Apathie* und grenzenloser *Wut* schlägt das Pendel der typischen Gefühle und körperlich-seelischer Reaktionen in der Phase der *Aufbrechenden Emotionen* aus. Der trauernde Mensch scheint eingespannt zu sein in ein Rad der Emotionen, in dem *Wut*, *Zorn*, *Traurigkeit*, *Ohnmacht*, *Angst* und *Schuldgefühle* einander abwechseln. Wenn wir beim Bild des heftigen Vulkanausbruchs bleiben, so lassen verschiedenste Reaktionsweisen den Trauernden nicht zur Ruhe kommen. Dazu gehören:

- Herzrasen bis hin zu Panikattacken, Brustbeklemmung und Atemnot;
- Stimmungslabilität: extrem reizbar – einmal depressiv, dann wieder aggressiv;
- Apathie und Desinteresse an allem Lebendigen;
- Konzentrationsschwierigkeiten, Schlafstörungen;
- häufig schwere Schuldgefühle, was auch zu Beschuldigungen gegen andere führen kann.

Schuldgefühle führen im langen Trauerprozess immer wieder dazu, dass der Verstorbene entweder idealisiert, als »Held«, »Engel« oder »bester Mensch« personifiziert wird. Oder es geschieht genau das Gegenteil und der Verstorbene wird in Anklagen und Beschimpfungen »verteufelt«. Alle diese Reaktionsweisen können zur Aufarbeitung des Verlustes notwendig und hilfreich sein – oftmals sind sie für einen positiven Verlauf des Trauerprozesses geradezu unverzichtbar.

Auseinandersetzung mit den Trauergefühlen

Der Trauerweg ist ein langer und steiniger Weg, der irgendwann zur Station des *Verhandelns, des Suchens* und *Sich-Trennens* führt. Oft wird dem Trauernden nun schlagartig bewusst, was tatsächlich geschehen ist. Eine konkrete Auseinandersetzung mit dem Verlust beginnt. Dies gelingt nicht immer problemlos. Um die *Einsamkeit* und grenzenlose *Verzweiflung* zu überwinden, flüchten trauernde Menschen häufig in intensive *Träume* und *Phantasien*, die sogar zu einem zeitweiligen *Realitätsverlust* führen können. Welche Reaktionen sind für diese Trauerstation typisch? Dazu gehören:

- Heftiges Suchverhalten mit innerer Unruhe (trauernde Menschen irren scheinbar ziellos durch die Wohnung, suchen etwas, ohne es zu finden);
- lautes Reden mit dem Toten sowie intensive Träume vom Toten, die dazu führen, dass der Trauernde behauptet, den Verstorbenen gesehen zu haben;
- Verhandlungsstrategien mit Gott und der Welt, weil man noch etwas zu erledigen hat, etwas aussprechen möchte, eine Versöhnung mit dem Toten anstrebt oder »einfach etwas gutmachen möchte«;
- permanentes Hin- und Herpendeln zwischen Überaktivität und Passivität;
- der trauernde Mensch ist in dieser Phase besonders sensibel und reagiert auf vieles überempfindlich.

Schließlich muss der Trauernde begreifen, dass der Tod unwiderruflich ist. Dies bringt eine tiefe Traurigkeit und Niedergeschlagenheit mit sich. Das Begreifen der Endgültigkeit eines Verlustes verursacht auch häufig *Selbstmordgedanken* und *depressive Zustände*. An diesem Punkt angelangt, wird uns bewusst, dass wir alle sterbliche Wesen sind und es nicht in unserer Hand liegt, wann und wo es auch für uns Zeit zum Abschiednehmen sein wird. Noch einmal brechen in aller Heftigkeit Tränen und Trauer auf und erfassen den Trauernden in Wellen des Schmerzes. Depressive Erstarrung, aber auch Ängste ergreifen abermals von ihm Besitz und immer wieder drängt sich die Frage nach dem Sinn des Lebens auf.

Annahme der Trauer

Allmählich wird es Zeit, Rückschau auf das vergangene Leben mit dem Verstorbenen zu halten und noch einmal alle Höhen und Tiefen einer Beziehung zu durchleben, damit ein Loslassen des Alten, Verlorenen zugunsten eines Neubeginns möglich ist. Nur dann kann der Tote zu einem lebendigen, jedoch nicht belastenden, inneren Begleiter werden. Ist diese Hürde gemeistert, so steht der *Annahme* und dem *neuen Selbst-* und *Weltbezug* nichts mehr im Weg. *Glück* und *Freude*, *Lachen* und *Weinen*, aber auch *Dankbarkeit* und *Ruhe* halten Einkehr im inneren »Trauerhaus« des Menschen. Einen *Sinn* zu erkennen in all dem, was man erlebt und erlitten hat, macht weise und verständnisvoll. Langsam normalisieren sich die Lebenvorgänge. Dazu gehören:

- Körperfunktionen werden stabiler;
- anfängliche Orientierungsschwierigkeiten werden seltener;
- die Angst vor Rückfällen in die belastenden Trauerreaktionen wird geringer, bleibt aber noch lange Zeit in abgeschwächter Form erhalten;
- Gedenk- und Festtage (etwa Hochzeitstag, Geburtstag, Sterbetag, Weihnachten) können gelassener begangen werden. Lange Zeit besteht jedoch noch immer eine große Gefahr, wieder rückfällig zu werden, in ganz unterschiedliche Stationen des Trauerprozesses »abzustürzen«.

Vom Sinn der Trauerreaktionen

Trauernde Menschen reagieren mit unterschiedlichen Verhaltensmustern und Reaktionsmöglichkeiten auf die einzelnen Stationen der Trauer. Nicht jedes Verhalten passt für jede Station und kann auch tatsächlich für die Bewältigung eines Verlustes hilfreich sein. Hier gilt ganz besonders: Alles zu seiner Zeit!

Schauen wir uns einige typische Verhaltensweisen an:

- Verleugnen und Verdrängen helfen zu verhindern, dass der erste Schock über den Tod zum völligen Zusammenbruch führt.
- Protest und Klagen helfen, der ohnmächtigen Wut und dem

Zorn ein Ventil zu öffnen und so ein Stück Distanz zum Verstorbenen zu schaffen.

- Bei der Suche nach Schuldigen kreisen alle Gespräche immer wieder um die eine Frage: »Wer trägt Schuld an dem, was geschehen ist?« Diese Aktivität bewirkt kurzzeitig ein Ablenken und Ausbrechen von der eigenen, schwierigen und zur Zeit schwer zu ertragenden Lage.
- Festhalten an der gewohnten Umgebung und keine Veränderungen vornehmen, das gibt in der ersten Zeit Halt und Sicherheit. So kann die gemeinsame Vergangenheit noch eine Zeit lang lebendig bleiben.
- Träume (Tag – und Nachtträume) mit zeitweiligem Realitätsverlust können als Hinweis dienen, dass der Verlust bereits bearbeitet wird.
- Aktives Suchen mit lautem Rufen und Weinen ist Ausdruck der unbewussten Hoffnung auf eine Wiederkehr der verstorbenen Person.
- Erinnern ermöglicht das Festhalten der schönen Stunden und Bilder, der gemeinsam erlebten Zeit und das Loslassen dunkler, schattenumwobener Situationen.

Hindernisse bei der Trauerbewältigung

Trauerarbeit ist Schwerarbeit! Doch nicht jede Trauerreaktion ist für den jeweiligen Ort der Trauerlandschaft auch tatsächlich hilfreich. Ob und wie sehr die – letztlich heilsamen – Trauerreaktionen zum Ausbruch kommen und zu einer anhaltenden Trauerbewältigung führen können, hängt aber nicht nur davon ab, an welcher Station seines Weges der Trauernde angelangt ist.

Eine Fülle von psychischen Abwehrmechanismen, die einen gesunden Trauerprozess verhindern, können den Trauernden von seinem eigentlichen Trauerweg ablenken. Sie können sich rasch von Schutz-Mechanismen zu Verhinderungsstrategien entwickeln und den Trauernden in den Höhen und Tiefen seines »Trauertals« auf Dauer gefangen halten. Wann geschieht das?

Wenn der Verlust

- immer wieder geleugnet,
- ins Unterbewusstsein verdrängt oder
- ständig kompensiert, d.h. verharmlost und verkleinert wird.

Manche Trauernde flüchten sich auch in die Regression, d.h. sie sind hilfsbedürftig und wie Kleinkinder nicht in der Lage, einfache Tätigkeiten auszuüben. Andere *projizieren*, indem sie ihre Probleme anderen Menschen anlasten und nicht in der Lage sind, über die eigenen Gefühle zu sprechen. *Aggression* und *Depression* sind gewissermaßen wie die beiden Seiten einer Medaille im Karussell der Abwehrmechanismen: Angst und Unsicherheit lösen oft eine aggressive, zornige Reaktion aus, während es schon im nächsten Augenblick wieder zu depressiven Verstimmungen mit Weinkrämpfen und versteinerter Haltung kommen kann. Trauernde können sich aber auch durch *Abkapselung* vollständig ihrer Umwelt und den Mitmenschen entziehen oder zeigen ein stark *ichbezogenes Verhalten*, bei dem nur sie und ihr Schicksal im Mittelpunkt zu stehen haben. Hinweise für Trauernde und deren Begleiter, »gesund« durch das Land der Trauer zu kommen, sind in den nachfolgenden Kapiteln zu finden.

Kinder und Trauer

Nicht nur Erwachsene, auch *Kinder* brauchen bei ihren Verlusterlebnissen Menschen, die Verständnis für den jeweiligen Trennungsschmerz haben, die einfühlsam alle ihre Reaktionen aushalten und sie behutsam aus den dunklen Tränentälern heraus begleiten können. Dabei ist jedoch wichtig zu wissen, dass jedes Kind Vergänglichkeit, Abschied und Tod anders erlebt – vor allem das Alter spielt dabei eine große Rolle. »Dafür seid ihr noch zu klein« – das hören Kinder oft, wenn es um einen Todesfall im Familien- oder Freundeskreis geht. Kinder reagieren jedoch sensibel auf alle Veränderungen und Stimmungen, erleben trauernde Erwachsene in ihrer eigenen, großen Hilflosigkeit und fordern Antworten auf ihre Fragen ein. Kinder dürfen von der Trauer und dem Geschehen rund um einen Todesfall nicht ausgeschlossen werden und sich einer Mauer des Schweigens gegenüber sehen. Vielmehr ist es wichtig, ihnen

- Beziehung und Nähe statt Isolation,
- Sicherheit statt Angst,
- Kommunikation statt Schweigen,
- Wahrheit und Klarheit statt Phantasien und
- alltägliche Normalität und Routine statt Chaos zu geben.

Wie erleben Kinder Tod und Sterben und wie trauern sie?

Kinder unter 3 Jahren können die Bedeutung des Todes noch nicht begreifen. Tod bedeutet für sie immer nur Abwesenheit für kurze Zeit, da der Begriff »Endgültigkeit« noch nicht verstanden werden kann. *Typische Reaktionen:*

- Verhaltensweisen, die Unbehagen ausdrücken, wie etwa Änderungen im Ess- und Schlafverhalten, Reizbarkeit, scheinbar grundloses Weinen;
- Wut, Zorn, Angst;
- Warten und Suchen, auch Fragen: »Wann kommt der Opa wieder nach Hause?« – »Wann geht Papa wieder mit mir spazieren?«

Was können wir konkret tun?
- Keine Veränderungen der häuslichen Abläufe und Pflegege-wohnheiten.
- Essens- und Spielzeiten, Singen, Geschichtenvorlesen ..., alles sollte »so wie immer« stattfinden.
- Viel Wärme und emotionale Zuwendung durch Berührung und Zärtlichkeit.
- Auch in dieser Altersgruppe ist es bereits angezeigt, den Tod beim Namen zu nennen und zu sagen: »Opa kommt nicht mehr zu dir, er ist gestorben oder er ist tot.« Viele Märchen und Geschichten, die vor allem kleine Kinder gerne mögen, beschäftigen sich mit dem Themenkreis Leben – Sterben – Tod.

Kinder zwischen 3 und 5 Jahren entwickeln ein erstes, sehr vages To-deskonzept. Aber auch für sie ist Tot-sein nur ein vorübergehender Zustand, der mit Dunkelheit oder Bewegungslosigkeit gleichgesetzt wird. *Typische Reaktionen:*

- Bedürfnis, den Tod zu erforschen und zu spielen (sich »tot stel-len«);
- Verwirrung und Suchverhalten;
- Alltagsängste können durch einen Todesfall aktiviert werden (z.B. nicht ohne Licht einschlafen können);
- Rückschritte in der Entwicklung (Bettnässen) sind möglich.

Was können wir konkret tun?
- Unterstützung der Kinder und Ermutigung, Fragen zu stellen und sich an Gesprächen in der Familie zu beteiligen.
- Klare Antworten auf alle Fragen.
- Erklären von Krankheiten und Aufzeigen der Möglichkeit, dass nach »sehr schwerer« Krankheit oder bei »sehr, sehr schweren« Verletzungen nach einem Unfall jemand auch sterben kann.
- Förderung des kreativen Ausdrucks, etwa durch das Malen eines Bildes von der Beerdigung oder vom Grab.
- Kinder brauchen in dieser Zeit viel Lob und Anerkennung, aber auch Sicherheit und Geborgenheit.

Kinder zwischen 6 und 9 Jahren erfahren durch Schule und Umwelt langsam einen realistischen Zugang zu diesem Thema und beginnen allmählich den Begriff »Endgültigkeit« zu begreifen, ein konstantes Verständnis über einen längeren Zeitraum fehlt jedoch noch. Der Tod wird häufig personifiziert (»Sensenmann«), er wird aber auch als Bestrafung erlebt und kann erstmals auf die eigene Person bezogen werden. *Typische Reaktionen:*

- Große Verlust- und Trennungsängste (»Was geschieht mit mir, wenn du auch noch stirbst?«);
- Realität und Phantasie wechseln einander ab und können nur schwer auseinandergehalten werden;
- Interesse an allen Dingen rund um den Tod (starker Wunsch nach Mitgestaltung und Vorbereitung des Begräbnisses);
- langsames Herauskristallisieren der Begriffe »Endgültigkeit« und »eigene Sterblichkeit«, »Körper – Geist – Seele«.

Was können wir konkret tun?
- In einer offenen und ehrlichen, klaren Sprache über den Tod und die Umstände des Todes sprechen.
- Kinder in diesem Alter wollen wissen, »warum« jemand gestorben ist.
- Alle Reaktionen und Gefühle der Kinder zulassen, ihnen Zeit geben und sie in Ruhe und Gelassenheit ihre Ängste aussprechen lassen.
- Hilfreicher als alle Ratschläge ist immer »aktives Zuhören«.
- Kinder müssen die Möglichkeit erhalten, alles aussprechen zu dürfen, auch zornige Gedanken und wütendes Anklagen.
- Die gemeinsame Geschichte noch einmal erleben (Reise durch die Erinnerungen zur Verinnerlichung mit Fotoalben, Filmen).
- Den Kindern das Gefühl geben, noch etwas für den Verstorbenen tun zu können (sie in alle Fragen der Verabschiedung und Begräbnisgestaltung miteinbeziehen).

Kinder zwischen 10 und 14 Jahren erleben den Verlust als unausweichliches und abschließendes Ereignis. Der Tod wird dabei auch als endgültiger Liebesverlust begriffen und erlitten. *Typische Reaktionen:*

- Durchleben der Trauerphasen wie Erwachsene;
- Auftauchen der Sinnfrage für das eigene Leben;
- Fragen nach einem Leben nach dem Tod;
- starker Wunsch nach individueller Gestaltung der Trauer;
- häufig körperliche Symptome, die das konkrete Erleben von Tod begleiten (Kopf- und Magenschmerzen, Schlafstörungen).

Was können wir konkret tun?
- Teenager brauchen die Gelegenheit, aber auch Zeit und Raum, um alle ihre Gefühle ausdrücken zu können, ohne ihr Selbstwertgefühl zu gefährden.
- Sie müssen sich zurückziehen dürfen, um z.B. laut Musik hören zu können.
- Gespräche dürfen nie aufgezwungen werden – der junge Mensch selbst entscheidet den »richtigen« Zeitpunkt.
- Klare, offene und ehrliche Antworten auf alle Fragen nach Ursachen oder Umständen des Todes sind wichtig. Auch das ehrliche Eingestehen, nicht alles zu wissen, kann eine Antwort sein.
- Kein Aufschub wichtiger Informationen oder Auswirkungen. Wenn der Tod einschneidende Folgen für die Familie hat, müssen die Jugendlichen das wissen.
- Teenager brauchen auch Unterstützung, um ihre Ess-, Schlaf- und Freizeitgewohnheiten beizubehalten und sobald wie möglich in ihren Alltag zurückkehren zu können (z.B. die Teilnahme an einem Schulausflug oder einem Abschlussball, Tanzstunde, Kinobesuch).

Sterben und Tod gehören nun einmal elementar zum menschlichen Leben und lassen sich trotz großer Fortschritte in Forschung und Medizin nicht auslöschen. Abschiednehmen und Loslassen sind eng mit unserem Dasein verbunden, ja geradezu ein wesentlicher Bestandteil dieses Lebens selbst. Um mit den Verlusterfahrungen fertig zu werden und nicht an ihnen zu zerbrechen, haben wir eine Emotion auf unserem weiten Weg mitbekommen, die uns hilft, alle Lebensabschiede zu überwinden. Dieses Gefühl heißt *Trauer*. Sie geht uns allen nicht nur sehr nahe, sie begleitet uns Zeit unseres Lebens. Wie beschreibt es Rainer Maria Rilke in seinem Gedicht »Schlußstück« so treffend:

> *Der Tod ist groß.*
> *Wir sind die Seinen*
> *lachenden Munds.*
> *Wenn wir uns mitten im Leben meinen,*
> *wagt er zu weinen*
> *mitten in uns.*

Vom Umgang mit Trauersituationen

Wir haben eingangs die Zeit der Trauer mit einer Reise durch ein weitgehend unbekanntes Land verglichen. Vielleicht kann es hilfreich sein, dieses Bild einer Reise auch weiterhin vor Augen zu haben. Was braucht man, um gut durch unbekanntes Land zu kommen, welche inneren und äußeren Bedingungen müssen erfüllt sein, um wirklich »heil« ans Ziel zu kommen?

Jeder, der eine Reise antritt, wird sich entsprechend vorbereiten. Er wird sich eine Landkarte, einen Reiseführer oder einen Kompass besorgen und sich um eine entsprechende Ausrüstung kümmern. Er wird wichtige Adressen und Telefonnummern notieren und sich bei Bedarf einem Reise- oder Bergführer anvertrauen bzw. die Reise nur in Gesellschaft von Menschen antreten, die ähnliche Vorstellungen haben wie er selbst. Diese eher allgemein gehaltenen Punkte können gut auch auf die Situation eines trauernden Menschen übertragen werden, der seine Reise durch das Land der Trauer antritt. Was bedeutet das konkret?

Für trauernde Menschen ist es hilfreich, sich eine »Landkarte« der Trauer vor Augen zu halten. Es tut gut, zu wissen, welche Stationen für einen Trauerprozess typisch sind und wie die Seele und der Körper auf einen Verlust reagieren. Diese Informationen zur *Landkarte der Trauer* stehen in den vorangegangenen Kapiteln.

Ferner ist es hilfreich, seine eigenen Reaktionen in der ganzen Bandbreite der markanten und häufig vorkommenden Reaktionsweisen von Trauernden einzuordnen. Sehr oft geschieht es, dass Trauernde sich selbst nicht mehr als »normal« einschätzen. Zu tiefgreifend sind die Veränderungen, die sie an sich und ihrem Leben wahrnehmen. Ihr Leben verläuft so ganz anders, als sie es bisher gewohnt waren und erlebt haben. Doch vieles ist in Zeiten der Trauer anders. Der Begriff »normal« scheint sich umzukehren. So ist es für Trauernde beispielsweise durchaus »normal«, Schlafstörungen zu haben, sich laut mit einer verstorbenen Person zu unterhalten oder unter Konzentrationsschwächen zu leiden! Um sich selbst etwas besser zu verstehen und nicht in Panik zu geraten, ist es wichtig, die Symptome der Trauer und die typischen *Trauerreaktionen* zu kennen.

Nun wollen wir auf jene Punkte eingehen, die der Trauernde bis zu einem gewissen Grad selbst in der Hand hat.

Wie Trauernde sich selbst helfen können

Die Reise durch das Land der Trauer ist *beschwerlich*! Im Folgenden seien einige Punkte angeführt, die für jeden Trauernden hilfreich und wichtig sind:

- Haben Sie Geduld mit sich und versuchen Sie, behutsam mit sich umzugehen!
- Versuchen Sie, Ihre Trauer als Teil Ihres Lebens anzunehmen.
- Lassen Sie alles zu, drängen Sie nichts zurück: Alle Gefühle dürfen sein, alle Gedanken dürfen sein, alle Reaktionen Ihres Körpers dürfen sein! Jetzt – in der Zeit der Trauer – haben *Trauer-Gefühle* ihren Platz. *Trauer-Gedanken* dürfen und müssen gedacht werden. *Trauer-Reaktionen* Ihres Körpers zeigen Ihnen, wie sehr Sie Anteil am Leben – in all seinen Schattierungen – haben.
- Erzwingen Sie keine rasche Anpassung an das »neue« Leben. Erlauben Sie sich, so lange im Kreislauf der Trauer zu verharren, bis Sie selbst spüren, dass eine neue Zeit angebrochen ist. Lassen Sie sich von nichts und niemandem dazu drängen, »rasch wieder zum Alltag zurückzukehren«!
- Versuchen Sie, die Grenzen Ihrer Belastbarkeit zu akzeptieren. Trauernde dürfen schwach sein!
- Gönnen Sie sich Ruhe und eine Umgebung, die es Ihnen möglich macht, auf sich und Ihren Körper zu achten. Es ist wichtig, jeden Tag aufs Neue die Rhythmen des Lebens einzuhalten (Essen, Schlafen – Wachen/Nacht – Tag, Arbeiten – Ruhen).
- Suchen Sie nach ganz persönlichen Ausdrucksmöglichkeiten ihrer Trauer. Das kann etwa ein Tagebuch sein, dem sie alle Ihre Gefühle und Gedanken – auch wenn sie zwiespältig oder negativ sind – anvertrauen. Das kann eine bestimmte Musik sein oder ein

Gedicht, das Ihnen hilft, zu sich zu finden. Oder ein Ort, an dem Sie ganz mit Ihrer Trauer verbunden sind und nicht abgelenkt werden. Es können aber auch kreative Formen sein, wie etwa Malen, Plastizieren, Garten- oder Raumgestaltung.

- Vermeiden Sie in der Zeit der Trauer zusätzliche Veränderungen in Ihrem Leben! Belassen Sie zunächst die Wohnung so, wie sie ist. Es wird die Zeit kommen, wo Veränderungen nicht einem Verdrängen und Wegschieben der Trauersituation gleichkommen, sondern echtes Zeichen eines Neubeginns sind.
- Bleiben Sie mit dem verstorbenen Menschen in Kontakt. Stellen Sie Fotos auf, richten Sie eine Erinnerungsecke ein, zünden Sie eine Kerze an.
- Schämen Sie sich nicht, wenn Sie ganz intensive Träume haben, in denen der verstorbene Mensch beispielsweise mit Ihnen spricht. Auch das ist Ausdruck einer intensiven Trauerarbeit und ist für die wunde Seele heilsam.
- Finden Sie persönliche Rituale, die Ihnen helfen, Ihren Trauerweg nach Ihrem Tempo und nach Ihrer Art zu gehen. Das können zeitliche Rituale sein (z.B. jeden Nachmittag eine kleine innere Zwiesprache mit dem Verstorbenen), örtliche Rituale (z.B. bei einem bestimmten Baum innehalten und Kraft tanken) oder andere Rituale (z.B. ein bestimmtes Kleidungsstück zum persönlichen Trauergewand machen).
- Suchen Sie den Kontakt zur Natur. Nehmen Sie an dem Wechsel der Jahreszeiten – dem Kommen, Werden und Vergehen in der Natur – Anteil.
- Scheuen Sie sich nicht, andere um Hilfe zu bitten. Oft warten die Menschen Ihrer Umgebung nur darauf, Ihnen beistehen zu können – allein, sie finden nicht den Mut, einem Trauernden zu begegnen. Eine konkrete Bitte, eine konkrete Aufforderung nach Unterstützung und Hilfe wird meist gerne angenommen.
- Der Kontakt zu Menschen, die in einer ähnlichen Situation stehen wie Sie, kann entlastend sein (z.B. Gespräche mit anderen Trauernden, Anschluss an eine Trauergruppe).
- Wenden Sie sich in verzweifelten Stunden an Freunde.
- Haben Sie keine Scheu, in besonders schwierigen Zeiten auch professionelle Hilfe in Anspruch zu nehmen.

- Verbringen Sie Ihre Zeit mit Menschen, von denen Sie sich angenommen und verstanden fühlen.
- Und noch einmal: Haben Sie Geduld mit sich!

Diese allgemeinen Regeln haben sich für viele Trauernde als hilfreich erwiesen. Doch wie wir bereits gesehen haben, verläuft die Zeit der Trauer nicht geradlinig. In jedem Abschnitt der Trauerzeit stehen andere Gefühle, Gedanken und Reaktionen im Vordergrund. Im Folgenden zeigen wir an Hand typischer Aussagen von trauernden Menschen verschiedene Möglichkeiten auf, mit den unterschiedlichen Phasen des Trauerprozesses gut umzugehen.

Hilfreiche Impulse und Anregungen für die Bewältigung der einzelnen Stationen des Trauerweges

Ablehnung der Trauer

»Der Boden unter meinen Füßen gibt nach, ich stürze ins Bodenlose.«
Der Tod eines geliebten Menschen wird von vielen wie ein Keulenschlag erlebt, wie ein Sturz ins Bodenlose, in eine unbekannte dunkle Welt – die Trauerwelt. Das Nicht-Wahrhaben-Können, das Erstarren im Angesicht einer Todesbotschaft ist als Schockreaktion zu verstehen. *Was kann man tun?*

- Es tut gut, durch einfache Übungen sich selbst, seine Füße und den Boden, auf dem wir durchs Leben gehen, zu spüren – gerade wenn wir das Gefühl haben, den sicheren Grund verloren zu haben.
- Schenken Sie Ihren Füßen Ihre Aufmerksamkeit. Beginnen Sie den Morgen mit einfachem Abtasten des Bodens, versuchen Sie auf ganz unterschiedliche Weise durch ihre Wohnung zu gehen: leise schleifend, laut stampfend, auf Zehenspitzen – fast schwebend – mit schweren, festen Schritten. Sie können auch Ihre Fußsohlen massieren und damit sensibel für den Kontakt zum Boden machen.

»Ich fühle mich erstarrt, wie ein zugefrorener Fluss.«
Das Gefühl der Erstarrung mag zwar zunächst helfen, nach einem Todesfall seelisch überhaupt zu überleben. Doch auf die Dauer

schützt die Erstarrung nicht, sondern verhindert das Eintreten in die so wichtige Trauerarbeit. Sie verhindert auch, Trost und Hilfe anzunehmen und sich auf die Reise durch das Land der Trauer zu begeben. *Was kann man tun?*

- Einfache Entspannungsübungen helfen, aus dem Teufelskreis: Spannung – Angst – Spannung auszusteigen. Doch Entspannen ist leichter gesagt als getan! Deshalb schlagen wir Ihnen vor, die einzelnen Körperteile ganz bewusst noch stärker anzuspannen (Sie haben richtig gelesen!). Beginnen Sie mit den Händen, ballen Sie sie zu Fäusten, spüren Sie, wie fest und hart die Muskeln werden, zählen Sie dabei langsam bis 7. Dann atmen Sie gut aus und lösen dabei die Anspannung. Gehen Sie auf diese Art und Weise alle Körperteile durch und erleben Sie, wie wohltuend es sein kann, nach harter Anspannung loszulassen!
- Gönnen Sie sich ein entspannendes Bad, lassen Sie sich von der Wärme des Wassers verwöhnen. Vielleicht finden Sie auch einen Badezusatz, der Sie mit einem wohltuenden Duft umgibt!

»Ich fühle mich krank, elend und hilflos.«
Der ganze Körper reagiert auf eine Todesnachricht. Die Trauernden fühlen sich verletzt an Körper und Seele. Dieser Wundschmerz ist nicht immer leicht zu orten. Alles schmerzt, alles ist verletzt! *Was kann man tun?*

- Fragen Sie sich selbst, wo es besonders schmerzt. Ist es die Brustgegend, der Kopf, die Schultern? Oder ist es das Kreuz, der Bauch? Wenn Sie herausgefunden haben, wo es besonders weh tut, versuchen Sie, mit diesem Körperteil besonders achtsam und liebevoll umzugehen. Schenken Sie den schmerzenden Stellen Ihre Aufmerksamkeit. Vielleicht gelingt es Ihnen, zu weinen und zu klagen. Dadurch geben Sie dem Schmerz – auch im übertragenen Sinn – Raum, Sie nehmen ihn an und sind dabei, Ihren Verlust zu verarbeiten!
- Der Körper fühlt sich ebenso wie die Seele verletzt und verwundet. Es fällt schwer, zu schlafen, zu essen, sich zu konzentrieren. Versuchen Sie, ein kleines Abendritual zu finden. Treffen Sie Vorbereitungen für die Abendstunden und die Zeit des Schlafes.

Auch wenn alles sinnlos scheint, wenden Sie Ihre Aufmerksamkeit dem Raum zu, in dem Sie die Nacht verbringen. Schmücken Sie diesen Raum, stellen Sie Blumen hinein, wählen Sie besonders hübsches Bettzeug aus. Richten Sie sich etwas zum Lesen oder Hören zurecht, falls der Schlaf nicht und nicht kommen will oder Sie in der Nacht wiederholt aufwachen. Auch die allabendliche Tagesrückschau kann hilfreich sein. Denken Sie an das, was trotz aller Schwere und Dunkelheit gut an dem sich neigenden Tag war.

- Konzentrieren Sie sich auf jeden einzelnen Tag, der gelebt werden muss. Halten Sie die Tagesrhythmen ein und vergessen Sie nicht, wenigstens kleine Portionen Essen zu sich zu nehmen. Der Körper braucht es!

Aufbruch der Trauergefühle

»Alles ist so trostlos, öde und leer. Ich weine ununterbrochen!«
Allmählich löst sich die Erstarrung. Der Trauernde findet sich in einem seelischen Chaos wieder. Gleichzeitig erscheint ihm die Welt wie eine Wüste, trocken, öde und leer. Die »Wüste« im Inneren eines Trauernden steht für seine Gefühle der Einsamkeit und Isolation, für die seelischen Qualen von »Hunger, Durst, Hitze und Kälte«. *Was kann man tun?*

- Versuchen Sie, Tränen als erstes Zeichen dafür zu begreifen, dass Sie auf Ihrer Reise durch das Land der Trauer einen wichtigen Schritt weitergekommen sind. Lassen Sie Ihren Tränen freien Lauf. Oft können Sie nach langem Weinen plötzlich eine innere Ruhe spüren, die Sie schon lange vermisst haben. Tränen sind kostbar!
- Tränen können auch helfen, aus der Isolation der inneren Wüste herauszukommen. Muten Sie sich mit Ihren Tränen Ihren Freunden zu! Vielleicht werden Sie zum ersten Mal seit der Todesnachricht Trost annehmen können. Tränen haben viele Quellen, aus denen sie fließen. Nehmen Sie sich Zeit dafür, zu fragen, was gerade jetzt Ihre Tränen zum Fließen bringt: »Ich weine, weil ...« Sie werden erstaunt sein, wieviel an altem

Schmerz, an vor Jahren nicht geweinten Tränen sich mit den »neuen« vermischen. Suchen Sie sich ein besonderes Taschentuch, das zu Ihrem Trauertaschentuch wird. Dieses kleine Ritual kann helfen, sich der speziell im Zusammenhang mit dem konkreten Todesfall geweinten Tränen bewusst zu werden.

»Ich mache mir ständig Vorwürfe. Ich bin voll Wut und Zorn!«
Schuldgefühle sind eng mit Trauererfahrungen verbunden. »Hätte ich doch nur …, wäre ich doch nicht …«, so beginnt häufig ein Satz eines Menschen in Trauer. Auf der Reise durch das Land der Trauer sind Schuldgefühle schwierig zu überwindende Hindernisse, sind immer wiederkehrende »Ungeheuer«, die uns den Blick auf das Ziel verstellen. Aber auch Wut und Zorn gehören zu diesem Abschnitt der Reise durch das Trauerland. Die Endgültigkeit des Todes, das Gefühl, nichts mehr tun zu können, macht wütend! Viele Trauernde erleben einen tiefen Zorn gegen sich selbst, gegen Freunde, Bekannte, gegen den Verstorbenen und sogar gegen Gott! *Was kann man tun?*

• Schuldgefühle und Vorwürfe sind sehr belastend – und helfen nicht wirklich weiter. Versuchen Sie, Sätze nicht mit »Hätte ich doch nur …« oder ähnlichen Formulierungen zu beginnen. Es ist hilfreich, diese Aussagen in ein anderes Gewand zu kleiden. Ein erster Schritt könnte darin bestehen zu sagen: »Es tut mir Leid, dass …« Sie werden sehen, dass diese einfachen Umformulierungen ganz andere Gefühle in Ihnen zurücklassen. Allmählich können Sie dann vielleicht dazu kommen, sich selbst oder anderen Menschen tatsächliche oder vermeintliche Unterlassungen zu verzeihen.
• Wut ist eine verständliche Reaktion auf einen erlittenen Verlust – auch wenn diese Reaktion gesellschaftlich wenig akzeptiert ist. Es ist aber wichtig, die Wut herauszulassen und dem brodelnden Vulkan in sich selbst zum Ausbruch zu verhelfen. Suchen Sie sich einen Ort, an dem Sie laut und heftig werden können. Stampfen Sie die Wut aus sich heraus, werfen Sie Kissen an die Wand, malen Sie Ihr Wutbild, schreien Sie die Wut aus sich heraus, bewegen Sie sich zu wilder, lauter Musik …

»Ich habe Angst! Mein Schmerz wird immer größer!«
Der Tod eines Menschen löst verschiedene Ängste aus. Zum einen verändert der Tod das Leben der Zurückbleibenden. Vieles kann nicht mehr so weitergehen wie bisher. Neues löst bei allen Menschen auch Angst aus. »Wie werde ich das schaffen?« Aber da ist auch noch eine andere, tiefsitzende Angst: die Todesangst. Jeder Trauernde wird sich bewusst, wie machtlos wir Menschen dem Tod ausgeliefert sind. Und so wird der Tod eines lieben Menschen auch zum Mahnruf an unsere eigene Vergänglichkeit. Angst ist ein elementares Gefühl. Sie kann vorhandene Schmerzen verstärken und dazu beitragen, dass sich der Trauernde in einem Angst-Schmerz-Spannungskreislauf gefangen fühlt. *Was kann man tun?*

- Bringen Sie Licht in das Dunkel Ihrer Angst! Es ist nicht gut, die Angst wegschieben zu wollen, sie gleichsam im dunklen Keller des Unbewussten zu lassen. Je mehr Sie über Ihre Angst wissen, je besser Sie sie kennen, desto eher werden Sie sie überwinden können. Nehmen Sie einen Zettel und nennen Sie die Angst beim Namen: »Ich habe Angst vor …, ich habe Angst, weil …« Überlegen Sie, ob Sie schon einmal in Ihrem Leben mit so großer Angst fertig geworden sind. Überlegen Sie, wer oder was Ihnen helfen könnte. Vielleicht wollen Sie mit jemandem über Ihre Angst sprechen – das kann eine große Entlastung sein.
- Texte, Gedichte oder Gebete können helfen, trotz der Angst und trotz des großen Verlustschmerzes vertrauensvoll in den nächsten Tag zu gehen. Denken Sie an Ihre Kindheit: Gab es da ein Gebet, mit dem Sie den Übergang vom Tag in die Nacht leichter geschafft haben? Vielleicht ist es ein einfaches Abendgebet, ein Schutzengelgebet oder ein alter Spruch, der Ihnen ein Gefühl der Geborgenheit in diesen angsterfüllten Tagen geben kann. Lassen Sie in einer Phantasiereise einen Text auf sich wirken.

Auseinandersetzung mit den Trauergefühlen

»Ich habe noch immer das Gefühl, sie muss jeden Augenblick zur Tür hereinkommen.«
Viele Stationen hat der Trauernde auf seiner Reise durch das Land der Trauer bereits zurückgelegt. Doch es treten immer wieder neue

Gefühle, Gedanken und Reaktionsweisen auf. Wie schwer fällt es doch, den Verlust eines Menschen wirklich anzunehmen! Letztlich ist das Einzige, was uns von einem verstorbenen Menschen bleibt, die Erinnerung. Bis die verstorbene Person zu einer inneren Figur werden kann, muss der Trauernde aber eine mühsame Wegstrecke zurücklegen. In Träumen und Tagträumen tauchen Situationen mit dem Verstorbenen auf. Das intensive Streben, Verlorenes zu finden, wenigstens ein Stück davon aufzubewahren, bringt viele Trauernde fast um den Verstand. *Was kann man tun?*

- Suchen Sie sich einen Menschen Ihres Vertrauens und erzählen Sie ihm Ihre Trauergeschichte – nicht einmal, nicht zweimal – nein, immer wieder! Sie werden merken, wie sich die Geschichte etwas verändert, wie scheinbar unbedeutende Kleinigkeiten an Bedeutung gewinnen. Oder aber Sie werden bemerken, welche Chancen und Möglichkeiten in der Krise Ihrer Trauer stecken. Vielleicht möchten Sie dann irgendwann einmal Ihre Trauergeschichte aufschreiben.
- Geben Sie Ihren Erinnerungen einen Platz! Legen Sie ein Erinnerungsalbum an, kleben Sie alte Fotos ein, gestalten Sie einen Erinnerungsplatz in Ihrer Wohnung. Suchen Sie Menschen auf, mit denen Sie über Ihre Erinnerungen reden können. Kleine Rituale können helfen, der Erinnerung ihren festen Platz im Alltagsleben – das allmählich wieder einkehrt – zu geben. Dazu eignen sich: ein bestimmter Tag oder eine bestimmte Stunde, um ans Grab zu gehen; das Pflanzen eines Baumes und dessen Pflege; das Anzünden einer Kerze u.ä.

»Ich bin erschöpft und müde. Noch immer fühle ich mich so verletzlich!« Die Reise durch das Land der Trauer ist beschwerlich und dauert lange. Niemand weiß zu Beginn dieser Reise, wie lange sie dauern wird – 6 Monate, 1 Jahr, 2 Jahre oder gar noch länger? Und niemand kann wissen, wie groß die Trauerberge sind, die sich vor dem Trauernden auftürmen, wie tief die Trauerseen sind, die er überqueren muss, und wie viele »Ungeheuer« mit Vorwürfen und Schuldzuschreibungen herumlaufen. So ist es normal, dass jeder Trauernde an den Punkt kommt, wo er erschöpft und müde beinahe zusammenbricht. Und weil er durch den Tod eines geliebten Menschen so

tief verletzt ist, hat er selten die nötige Kraft, die ihn rasch und zielstrebig voranschreiten lässt. *Was kann man tun?*

- Gönnen Sie sich besonders viele schöne Dinge, die Ihnen gut tun. Nehmen Sie sich Zeit für sich selbst! Ein Wochenende in schöner Umgebung. Eine Bergwanderung mit Freunden. Ein Theaterbesuch. Ein entspannendes Bad. Ein gutes Buch, schöne Musik, ein Spaziergang ... Finden Sie heraus, was Ihnen in Ihrer jetzigen Situation gut tut, Ihnen Kraft gibt und Sie so sein lässt, wie Sie sich eben im Augenblick fühlen! Nehmen Sie sich ernst!
- Sie sind schon weit gekommen in Ihrer Trauerarbeit. Vielleicht spüren Sie, dass der Schmerz nicht mehr so brennt und wütet. Vielleicht ahnen Sie manchmal, dass es Zeit wird, loszulassen und sich Neuem zu öffnen. Noch ist es vielleicht zu früh, diesen Schritt zu tun. Doch nehmen Sie sich Zeit, einmal zurückzuschauen. Sehen Sie sich auf Ihrer Reise durch das Land der Trauer? Wieviel haben Sie schon gemeistert! Sie können stolz auf sich sein.

»Werde ich jemals wieder froh werden?«
Wieder und wieder müssen Trauernde auf ihrem Weg Umwege machen, müssen bereits überwundene Wegstrecken erneut durchwandern, müssen durch unerwartete Schluchten und über unbekannte Berghöhen gehen. Viele Trauernde erleben sich als Sisyphos, der immer wieder einen großen Steinfels den Berg hinaufrollte, nur um sehen zu müssen, wie dieser wiederum donnernd ins Tal stürzte. Da liegt es schon nahe, einfach alles wegzuschieben, die Trauerreste zu verdrängen und »zum Alltag« zurückzukehren. Doch das wäre schade und könnte fatale Folgen haben! *Was kann man tun?*

- Lassen Sie sich nicht entmutigen! Vielleicht kann Ihnen der Kontakt zu Menschen helfen, die Ähnliches erleben oder erlebt haben. Auch ein Gespräch mit einem Trauerbegleiter, mit dem Arzt ihres Vertrauens oder einem Therapeuten kann in der Situation des scheinbaren Stillstands und der Zweifel weiterhelfen.
- In der Literatur, in der Sagen- und Märchenwelt gibt es eine Reihe von Beispielen, die die Geschichte eines »Helden« beschreiben. Dabei werden die Irrwege und die Gefahren plastisch dargestellt. Es werden aber auch die Kraftquellen genannt,

die bei der Überwindung all der Gefahren helfen. Vielen Trauernden hat es gut getan, einen Text zu finden, aus dem sie Kraft und Mut schöpfen, ihren Trauerweg bis zu Ende zu gehen. Machen Sie sich auf die Suche nach einem Text, der Ihnen und Ihrer Situation entspricht. Machen Sie sich auf die Suche nach Quellen der Hoffnung.

Annahme der Trauer

»Ich bin dem Chaos entronnen!«
Wenn Trauernde am Ende ihrer Reise angelangt sind, können sie bewusst innehalten und einen langen Blick zurückwerfen. Vor ihnen breitet sich die Landschaft ihrer Trauer aus. Sie können sehen, welchem Chaos sie entronnen sind. Gleichzeitig fühlen sie sich noch etwas fremd in der Welt der »Nicht-Trauernden«. *Was kann man tun?*

- Haben Sie mit sich Geduld. Auch wenn der Todesfall schon längere Zeit zurückliegt, kann noch lange das Gefühl auftreten, fremd zu sein »im Land der Nicht-Trauernden«. Das ist nichts Abnormales. Durch das, was Sie erlebt haben, haben sich Ihr Lebensgefühl und Ihr Lebensgefüge verändert. Das Chaos, dem Sie nun entronnen sind, hat seine Spuren hinterlassen. Es hat Sie verändert und nun gilt es, diese Lebenserfahrung in den Teppich Ihres Lebens einzufügen. Überlegen Sie, was sich alles verändert hat. In einem zweiten Schritt versuchen Sie, zu diesen Änderungen ganz bewusst »Ja« zu sagen, laut und deutlich!
- Überprüfen Sie, welche der »Trauergewohnheiten« nunmehr überholt sind. Manches kann abgelegt werden, um Raum für Neues zu schaffen. Vielleicht möchten Sie Ihre Wohnung neu gestalten. Vielleicht bekommt die Erinnerungsecke eine neue Gestalt. Oder Sie bemerken, dass der tägliche Grabbesuch nicht mehr Ihrem innersten Bedürfnis entspricht. Haben Sie Mut, Neues zu erkennen und zuzulassen!

»Endlich kann ich loslassen. Ich bin dankbar!«
Am Ende des Trauerprozesses steht für viele Menschen das Gefühl

der Dankbarkeit. Erst jetzt hat dieses Gefühl in seiner ganzen Bandbreite wirklich Platz. *Was kann man tun?*

- Die Zeit der Trauer ist wichtig und für den ganzen Menschen die Chance, mit einem Verlust fertig zu werden. Am Ende dieses Prozesses stehen Erleichterung und Dankbarkeit. Dankbarkeit, diese Reise durch das Land der Trauer überstanden zu haben. Dankbarkeit für die vielen Erlebnisse mit dem Menschen, der gestorben ist. Erst jetzt, nach einem, zwei oder mehr Jahren wird deutlich, was geblieben ist. Schauen Sie noch einmal in Ruhe alte Fotos an, erzählen Sie anderen Menschen von Ihren Erlebnissen. Denken Sie daran, den Gedenktagen einen besonderen Platz in Ihrem Leben einzuräumen und sie entsprechend zu gestalten.
- Machen Sie eine Liste, in der Sie all das zu Papier bringen, was Sie im Laufe Ihrer Reise traurig gemacht hat. Fügen Sie nun jedem Satz ein »Ich bin dankbar für ...« hinzu. Sie werden überrascht sein, wie reich beschenkt Sie auch aus dieser Lebensphase hervorgehen.

»Ich kann mein Leben neu gestalten!«
Der Weg eines Trauernden führt von einem »Nein« zu einem »Ja«. Wie wir gesehen haben, sieht dieser Weg ganz unterschiedlich aus und ist für jeden Menschen anders. Doch so wie das »Nein, das kann nicht sein« den Beginn einer langen Trauerreise bedeutet, so signalisiert das »Ich kann mein Leben neu gestalten!« ihr Ende. Das Ziel der Trauerarbeit ist erreicht: Der Trauernde kann sich und seine Welt neu ordnen. *Was kann man tun?*

- Es ist genauso wichtig, diesem neuen Lebensgefühl Ausdruck zu verleihen, wie es zu Beginn des Trauerprozesses wichtig war, die schweren, belastenden, niederdrückenden Gefühle zuzulassen. Versuchen Sie Ihr jetziges Lebensgefühl auszudrücken. Suchen Sie sich ein Motto, das Sie gleichsam ans Ende eines großen Buches setzen könnten, in dem Ihre Trauererfahrungen niedergeschrieben sind. Wie könnte dieses Motto heißen? Etwa: »Ich verstehe jetzt mehr vom Leben« oder »Der Weg zurück ins Leben« oder »Ich entdecke eine ganz neue Selbständigkeit« oder »Mein Leben hat wieder neuen Sinn!«?

- Nehmen Sie sich immer wieder Zeit und gönnen Sie sich Ruhe und Entspannung. Vielleicht kann die eine oder andere Erfahrung aus Zeiten der Trauer »hinüber gerettet« werden in den Trubel des »normalen« Lebens!

Wir hoffen, dass auch Sie, liebe Leserin, lieber Leser, die eine oder andere Anregung für sich finden konnten. Aber nicht immer ist es möglich, allein durch das Land der Trauer zu kommen.

Situationen, die eine professionelle Hilfe nahelegen
- Plötzlicher, völlig unerwarteter Tod;
- besonders dramatischer Tod (Unfall, Selbstmord, Mord);
- Mitschuld am Tod (tatsächliche oder vermeintliche);
- mehrere Todesfälle innerhalb kurzer Zeit;
- auffallende oder nicht verarbeitete Trauergeschichte in der Vergangenheit;
- Fehlen eines sozialen Netzes (Verwandte, Freunde, Nachbarn, Kollegen …);
- schwere seelische und/oder körperliche Erkrankung, allgemein schwierige Lebenssituation;
- besonders enges Nahverhältnis zwischen dem Verstorbenen und dem Trauernden.

Neben den oben angeführten Situationen sollten Sie sich immer dann an professionelle Begleiter wenden, wenn Sie sich überfordert fühlen. Scheuen Sie nicht den Kontakt zu Therapeuten, Ärzten oder Seelsorgern! Es ist keine Schande, mit seiner Trauer allein nicht zurecht zu kommen!

Möglichkeiten der Begleitung

In diesem Abschnitt bieten wir denjenigen, die Trauernde begleiten, einige Anregungen und Hilfestellungen an. Dies können Angehörige, Freunde, Nachbarn oder andere Menschen aus dem Umkreis des Trauernden sein. Viele fühlen sich unsicher, wenn sie einem Menschen in Trauer begegnen, und es taucht die Frage auf: »Was kann ich tun? Wie soll ich mich verhalten?« Aus vielen Gesprächen mit Betroffenen wissen wir, wie wichtig es ist, zu reagieren. Nichts ist für Trauernde schlimmer als die Erfahrung, gemieden zu werden. Sie fühlen sich dann wie Aussätzige und müssen zu ihrem Verlustschmerz noch das Gefühl der Isolation, des Ausgeschlossenseins erfahren. Es ist in aller Regel besser, ein »falsches« Wort zu sagen, als die Straßenseite zu wechseln. Es ist in aller Regel besser, nichts zu sagen und dem Trauernden nur still die Hand zu reichen, als wortlos an ihm vorbeizugehen. Trauernde sind besonders sensibel, sie sind wund und verletzt – gehen wir behutsam mit ihnen um!

Was heißt Trauerbegleitung? Ist das nicht etwas für Spezialisten, für Therapeuten oder Seelsorger? Wir sind der Ansicht, dass die Begleitung eines trauernden Menschen zunächst ein Gebot der Nächstenliebe und des ganz natürlichen zwischenmenschlichen Umgangs sein sollte. Wenn wir bereit sind, eine Beziehung zu einem Menschen einzugehen, so heißt das, dass wir ihm nicht nur in den schönen Stunden zur Seite stehen, sondern auch in den schweren. In Zeiten der Trauer werden so aus »Freunden in der Freude«»Freunde in der Trauer«.

Voraussetzungen für eine einfühlsame Trauerbegleitung

Trauerbegleitung kann ganz verschieden aussehen. Da spielt einmal die *Beziehung* eine Rolle, die zwischen dem Trauernden und dem Begleiter besteht. Es macht einen Unterschied, ob die Nachbarin, die Freundin oder der Partner zu begleiten ist! Auch vom *Traueranlass* wird die Intensität der Begleitung abhängen. Es macht einen

Unterschied, ob jemand ganz plötzlich den Tod seines Kindes erleben muss oder am Grab des alten Opas steht, der am Ende eines erfüllten Lebens sanft sterben konnte. Wenn wir einem trauernden Menschen begegnen und bereit sind, Trost und Begleitung anzubieten, können drei Fragenbereiche hilfreich sein:

»Wie waren die Umstände des Todes?«, »Wer ist der Verstorbene?« und »Wer ist der Trauernde?«

Warum ist das so wichtig? Die Umstände des Todes können ganz entscheidend den Trauerprozess beeinflussen. Es macht einen großen Unterschied, ob ein Mensch sich auf den Tod eines geliebten Menschen vorbereiten kann oder ob er ganz plötzlich und völlig unerwartet mit dem Tod konfrontiert ist. Bei der Frage nach dem Verstorbenen geht es in erster Linie um das *Naheverhältnis* zum Trauernden. Handelt es sich um den Lebenspartner, ein Kind, einen guten Freund, ein Elternteil oder entfernte Verwandte? Beim Trauernden selbst spielt die *Lebenssituation*, in der ihn der Trauerschmerz trifft, eine besondere Rolle. Es macht einen Unterschied, ob jemand von einem »sozialen Netz« getragen wird oder ob er ganz isoliert lebt, ob er in kurzer Zeit viele Schicksalsschläge erfahren musste oder nicht. Auch die Persönlichkeit des Trauernden, seine Art, mit Lebenskrisen umzugehen, können Hinweise geben, wie intensiv die Trauerbegleitung sein muss.

Ferner spielt der *Zeitpunkt* eine Rolle, an dem man mit dem Trauernden in Kontakt tritt. Menschen, die eine Todesnachricht überbringen, müssen auf andere Dinge achten als Menschen, die erst Wochen nach einem Begräbnis zum Begleiter werden. Im ersten Fall gilt es, auf die Schocksituation zu reagieren. Was ist zu tun? Zum Trauernden einen Kontakt herstellen, sich von seiner Situation rasch ein Bild verschaffen und ihn nicht allein lassen! Die akuten Reaktionen (Schüttelfrost, Schwindel, Schwächeanfall …) lindern! Menschen aus dem sozialen Umfeld verständigen, die eine Betreuung übernehmen können! Im zweiten Fall geht es um das Angebot, für ein Stück des Trauerweges als Begleiter zur Verfügung zu stehen. Dabei hilft das Wissen um die typischen Merkmale des Trauerprozesses und die verschiedenen Trauerreaktionen .

Was macht Trauerbegleitung so schwer?

Die Welt eines trauernden Menschen ist von der Welt der nicht-trauernden Menschen grundsätzlich verschieden. In der Trauerwelt gelten andere Gesetze und andere Erfahrungen prägen den Alltag des Trauernden. Deshalb ist eine wichtige Voraussetzung, um einem Trauernden beizustehen, seine Welt zu akzeptieren und ihm nichts aufzuzwingen: nicht das Tempo, mit dem er seine Reise durch das Trauerland macht, nicht die Art und Weise, wie er mit dem verstorbenen Menschen umgeht und wie er sein Leben zu ordnen versucht. Es ist seine Welt. Begleiter haben kein Recht, ungebeten in diese Welt einzudringen und sie nach ihren Ansichten zu verändern. Es gilt, *Respekt* zu zeigen vor all den Gefühlen und Erlebnissen, die der trauernde Mensch hat. Dies gilt auch dann, wenn der Begleiter selbst schon viele Trauersituationen erlebt und gemeistert hat. Denn jeder Trauerfall ist anders, jeder Mensch reagiert anders und muss seinen ganz persönlichen Weg finden, mit dem Verlust fertig zu werden.

Wenn man sich einem Trauernden zuwendet, sollte man sich immer vor Augen halten:

Jeder Mensch trauert anders.

Der eine zeigt seine Gefühle sehr offen und deutlich – dem anderen ist kaum eine Gemütsregung anzumerken.

Der eine braucht viel Zeit, um von einer Trauerstation zur nächsten zu gelangen – der andere durchläuft in kurzer Zeit mehrmals den Trauerprozess.

Der eine möchte ständig einen Menschen um sich haben – der andere sucht die Stille der Natur.

Der eine braucht viel Körperkontakt und Zuwendung – der andere sucht sich nur dann und wann einen Gesprächspartner.

Jeder Mensch trauert anders.

Was gehört alles in den Rucksack eines Trauerbegleiters?

Ein Begleiter braucht Mut, sich dem Trauernden zuzuwenden, und die Bereitschaft, sich auf ein Wagnis einzulassen. Die Reise durch das Land der Trauer ist oft schwierig. Folgendes kann dabei hilfreich sein:

- Klären Sie Ihre eigene Einstellung gegenüber Sterben, Tod und Trauer ab.
- Stehen Sie zu sich und Ihrer Unsicherheit. Fast jeder Mensch fühlt sich im Angesicht von Tod und Trauer erschüttert, verunsichert, hilflos. Sie können das dem trauernden Menschen durchaus sagen – er wird dafür mehr Verständnis haben als für ein wortloses Zurseiteschauen.
- Versuchen Sie »echt« und ehrlich zu sein. Trauernde spüren, ob die Anteilnahme von Herzen kommt.
- Gehen Sie auf den trauernden Menschen zu. Nur selten sind Trauernde in der Lage, den ersten Schritt zu tun. Denken Sie daran, dass nicht nur Worte, sondern auch Gesten ein Ausdruck von Beziehung sind.
- Überprüfen Sie, wieviel Begleitung Sie anbieten können, ohne sich und Ihre Familie zu überfordern!
- Versuchen Sie »empathisch«, einfühlsam zu sein. Das bedeutet, die Welt aus der Sicht des Trauernden zu sehen und zu versuchen, diese zu verstehen. Dabei hilft es, mit allen Sinnen bei dem Trauernden zu sein und ihn gut wahrzunehmen.
- Schaffen Sie durch eine einfühlsame Stimmlage und eine annehmende Körperhaltung eine gute Atmosphäre.
- Üben Sie sich in Toleranz. Viele Erzählungen oder Gefühlsschilderungen werden nicht Ihren eigenen Werten und Vorstellungen entsprechen.
- Stellen Sie sich darauf ein, dass auch negative Reaktionen kommen können, die Sie vielleicht nicht gutheißen.
- Halten Sie Ihre eigene Trauergeschichte zurück. Dafür ist in einer Trauerbegleitung wenig bis kein Platz. Nur auf ausdrückliches Fragen trauernder Menschen sollte man von seinen eigenen Erlebnissen sprechen.
- Lassen Sie den Trauernden aussprechen, unterbrechen Sie ihn nicht, ergänzen Sie seine Ausführungen nicht, sondern versuchen Sie, seine »Klagemauer« zu sein.
- Hören Sie gut zu. Vielleicht können Sie das Gehörte auch in eigene Worte kleiden und wiederholen. Dadurch fühlt der Trauernde sich angenommen und verstanden (»aktives Zuhören«).

- Streichen Sie Vertröstungen aus Ihrem Wortschatz (z.B. »Es wird schon wieder ...« u.ä.).
- Auch gemeinsames Schweigen kann gut tun. Sehen Sie im Schweigen und in der Stille eine Möglichkeit des Innehaltens und der Neuorientierung.
- Schenken Sie dem Trauernden Zeit, Zuversicht und Zuwendung (»3 Z«).

Gemeinsame Wege aus der Trauer

Die Begegnung mit einem trauernden Menschen kann ein punktuelles Ereignis sein. Es kann sich daraus aber auch eine Beziehung entwickeln, bei der wir zum Begleiter werden und bestimmte Aufgaben übernehmen können. Worauf kommt es bei einer Trauerbegleitung an? Welche Grundüberlegungen können uns helfen, auf der Reise durch das Trauerland nicht die Orientierung zu verlieren?
Es ist wichtig,

- ... den Trauernden zu unterstützen, seine körperlichen und auch seelischen Veränderungen im Verlauf des Trauergeschehens wahrzunehmen. Wir können ihm helfen, sie als Ausdruck der Trauer – und nicht als Störung oder Krankheit – verstehen zu lernen. Nur das kann letztlich zu einer Annahme der Trauer führen.
- ... die Trauergeschichte anzuschauen. Wir können dem Trauernden helfen, zwischen »alten« Traueranteilen und neuen zu unterscheiden. Dabei geht es immer auch darum, das Gedanken- und Gefühlschaos zu ordnen und zwischen den Trauerresten aus der Vergangenheit (»Als Kind habe ich meine ... verloren«), der gegenwärtigen Trauer (»Heute habe ich ... verloren«) und der Sorge um zukünftige Trauererlebnisse (»Ich habe Angst, auch noch den/das ... zu verlieren«) zu unterscheiden.
- ... den Trauernden zu ermutigen, seine »Erinnerungsgeschichte« zu erzählen. Dabei geht es nicht nur um die schönen Dinge, sondern auch um die schlechten Stunden. Das ganze Gefühlspanorama und die verschiedensten Aspekte der Beziehungsgeschichte sollen Platz haben.
- ... dem Trauernden die Angst vor den oft intensiven Gefühlen zu

nehmen. Für viele Menschen – besonders aber für Männer – ist es schwer, zu weinen und sich einem Tränenstrom ganz hinzugeben. Der Hinweis auf die heilende und befreiende Kraft der Tränen kann hilfreich sein.

- … das »Stehvermögen« des Trauernden zu festigen (Aufforderung zu Spaziergängen, zu sportlichen Aktivitäten) und auf kreative Ausdrucksmöglichkeiten der Trauer (Malen, Schreiben, Musizieren, Töpfern …) hinzuweisen.

- … die Neuorientierung des Trauernden zu fördern und zu unterstützen, ohne ihn dabei zu drängen. Wie rasch der Trauernde sich durch das Land seiner Trauer bewegt, wo er Raststationen einhält, wie oft er welche Wege zurückgeht, sie noch einmal neu anschaut und welche Erinnerungsstücke er von dieser Reise mitbringt, bleibt allein ihm überlassen.

Impulse und Anregungen für die Begleitung der einzelnen Stationen des Trauerweges

Der Trauerweg ist eine Reise durch ganz unterschiedliche Landschaften. Diese Reise hat verschiedene Stationen mit typischen Merkmalen. Viele Reaktionen der trauernden Menschen sind sehr persönlich und von ihrer Lebensgeschichte geprägt. Andere Reaktionen kommen fast bei allen Trauernden vor. Und so gibt es auch für die Begleiter einerseits eine Fülle von Möglichkeiten, sehr persönlich zu begleiten. Andererseits haben sich für bestimmte Stationen auf der Reise durch das Land der Trauer bestimmte Verhaltensweisen eines Begleiters als hilfreich und wichtig erwiesen. Auf diese möchten wir nun eingehen.

Ablehnung der Trauer
Typische Äußerungen:
»Der Boden unter meinen Füßen gibt nach, ich stürze ins Bodenlose.«
»Ich fühle mich wie erstarrt, wie ein zugefrorener Fluss.«
»Ich fühle mich krank, elend und hilflos.«

In der Zeit des Nicht-Wahrhaben-Könnens muss der Begleiter aktiv werden. Er muss dem Trauernden die Hand reichen und einen

Schritt auf ihn zu machen. In der Erstarrung des Schocks fühlt sich der Trauernde nicht in der Lage, Initiativen zu ergreifen. Alles ist so mühsam, wenn einem die Welt entzweigebrochen ist! *Was kann man tun?*

- Gehen Sie auf den trauernden Menschen zu und bieten Sie ihm konkrete Hilfe an.
- Helfen Sie ihm bei den Erledigungen rund um das Begräbnis und bei allen Formalitäten.
- Achten Sie darauf, dass der Tagesrhythmus eingehalten werden kann (z.B. kurze Telefonanrufe am Morgen, zu Mittag, am Abend).
- Bringen Sie einen Kuchen vorbei, bereiten Sie Kleinigkeiten zum Essen zu, setzen Sie sich zu einer Tasse Kaffee oder Tee … Auch wenn der Trauernde zunächst kein Interesse zeigt, geben diese Aufmerksamkeiten doch eine kleine Orientierungshilfe, und der Körper kann zur Ruhe kommen.
- Bieten Sie für all die Dinge Hilfe an, die zu einem normalen Tagesablauf gehören, und erledigen Sie die notwendigsten Dinge. Stellen Sie nicht zu viele Fragen!
- Versuchen Sie, einfach »Da-zu-sein«. Vermitteln Sie dem Trauernden Wärme, Nähe und Anteilnahme.

Aufbruch der Trauergefühle
Typische Äußerungen:
»Alles ist so trostlos, öde und leer. Ich weine ununterbrochen!«
»Ich mache mir ständig Vorwürfe. Ich bin voll Wut und Zorn!«
»Ich habe Angst! Mein Schmerz wird immer größer!«

Langsam schmilzt die Eisdecke, die Erstarrung löst sich und der Schmerz kommt allmählich an die Oberfläche. Unterschiedliche Gefühle werden sichtbar. Die Bandbreite reicht von Wut, Zorn und Hass über Angst bis hin zu Schuldgefühlen und Selbstvorwürfen. Der Begleiter muss acht geben, nicht von einem Vulkanausbruch verschüttet zu werden! Er muss sich auch vor den Ungeheuern der Schuldzuweisungen schützen. Das Motto auf dieser Wegstrecke der Trauerreise heißt: Abgrenzen! Trotz aller Anteilnahme ist es wichtig, sich nicht selbst in den Strudel von Gefühlen mitreißen zu lassen, denen der Trauernde ausgesetzt ist. Nur bei nötiger Distanz kann der Begleiter in diesen stürmischen Zeiten ein »guter« Begleiter sein. *Was kann man tun?*

- Versuchen Sie die Gefühlsausbrüche als heilsamen Prozess zu verstehen und nicht als Störung! Besonders Tränen können buchstäblich entgiftend und befreiend wirken. Halten Sie sich vor Augen, dass Wut, Zorn, Hass und Aggression ebenso zum Trauern gehören wie Niedergeschlagenheit und Weinen.
- Beziehen Sie die »Ausbrüche« nicht auf sich. Gehen Sie auf »liebevolle Distanz«.
- Lenken Sie nicht von Problemen, Schuldfragen und Konflikten ab. Jetzt ist die Zeit dafür, dass der Trauernde sich mit diesen Dingen beschäftigt.
- Reden Sie dem trauernden Menschen nichts aus oder ein. Lassen Sie ihm seine Sicht der Dinge.
- Nehmen Sie intensiv am Erleben und Erinnern des Trauernden teil, aber halten Sie ihre eigenen Kommentare zurück. Hören Sie gut zu und nehmen Sie keine Interpretationen vor. Helfen Sie dem Trauernden, »alte Tränen« von »neuen Tränen« zu unterscheiden.
- Regen Sie den Trauernden an, auf sich zu achten (Tagebuchschreiben, Spazierengehen, Entspannen, Musikhören, »Wutherauslassen« …)

Auseinandersetzung mit den Trauergefühlen
Typische Äußerungen:
»Ich habe noch immer das Gefühl, sie muss jeden Augenblick zur Tür hereinkommen.«
»Ich bin erschöpft und müde. Noch immer fühle ich mich so verletzlich!«
»Werde ich jemals wieder froh werden?«

Nachdem sich die Trauergefühle ihren Weg an die Oberfläche gebahnt haben, muss der Trauernde sich konkret mit den Trauergefühlen seiner Verlusterfahrung auseinandersetzen. Dem Trauernden wird nach und nach immer bewusster, dass die verstorbene Person nie mehr wieder kommen wird. Diese Tatsache ist jedoch nur schwer zu begreifen und auszuhalten. So begibt sich der trauernde

Mensch auf die Suche nach dem Verstorbenen und seiner Welt. Er sucht ganz konkret in seiner Umwelt (obwohl der Kopf natürlich weiß, dass dieses Suchen vergeblich ist!). Und er sucht in seinem Inneren. Dieses Suchen macht müde. Erschöpft, verzweifelt und hilflos stellt er sich die Frage, wie lange denn sein Leben so noch weitergehen muss und ob er wird jemals wieder lachen können. *Was kann man tun?*

- Versuchen Sie zu akzeptieren, dass jeder Mensch anders nach dem Verstorbenen »sucht«.
- Hören Sie geduldig zu – auch wenn Sie die Geschichten schon oft gehört haben, und nehmen Sie keine Zensur vor. Alles soll angesprochen und ausgesprochen werden können.
- Haben Sie keine Angst, wenn der Trauernde laute Gespräche mit dem Verstorbenen führt oder meint, ihn ganz deutlich (z.B. im Garten) zu sehen. Lassen Sie die Phantasien zu – ohne selbst mit zu phantasieren. Hilfreich ist es in diesem Fall, etwas Konkretes anzubieten: beispielsweise alte Fotos anschauen oder einen Grabbesuch vorschlagen.
- Lassen Sie dem Trauernden Zeit und drängen Sie nicht auf das Akzeptieren des Verlustes. Haben Sie Geduld. Die Auseinandersetzung mit der Bandbreite von Trauergefühlen braucht Zeit.
- Nehmen Sie die Gefühle ernst, die durch Erinnerungen und Erzählungen immer wieder aufbrechen können. Besonders schmerzhafte Erfahrungen müssen immer wieder aufs Neue bearbeitet werden, um schließlich wirklich verarbeitet zu werden.
- Seien Sie wachsam gegenüber Selbstmordäußerungen – meist sind sie Ausdruck von Erschöpfung. Der Trauernde braucht in diesem Fall besondere Unterstützung.

Annahme der Trauer
Typische Äußerungen:
»Ich bin dem Chaos entronnen!«
»Endlich kann ich loslassen. Ich bin dankbar!«
»Ich kann mein Leben neu gestalten!«

Wochen oder Jahre können ins Land gezogen sein. Der Trauernde hat viel erlebt auf seiner Reise durch das Trauerland. Er hat viele

Gefahren überstanden, hat ungewohnte Erfahrungen und manchmal ganz unerwartete Entdeckungen gemacht. Langsam nähert er sich dem Ziel seiner Reise: der Neuorientierung seines Lebens. Nach und nach bekommt das Leben wieder einen neuen Sinn. Erleichtert nimmt der Trauernde wahr, dass er dem schlimmen Chaos entronnen ist. Dankbarkeit und Ruhe können einziehen. *Was kann man tun?*

- Unterstützen Sie den Trauernden, wenn er sich neu orientieren will. Begrüßen Sie jene Veränderungen, die auf eine Neugestaltung des Lebens hindeuten.
- Helfen Sie dem Trauernden, sich aus seiner Bedürftigkeit zu lösen. Das bedeutet auch zu akzeptieren, dass Sie in der bisherigen Begleiterrolle nicht mehr so gebraucht werden.
- Suchen Sie gemeinsam nach Formen, die Trauerbegleitung langsam zu beenden oder umzugestalten. Ein kleines Ritual – ein letzter gemeinsamer Grabbesuch etwa, ein Spaziergang oder ein gemeinsames Essen – eignen sich gut dafür.
- Bleiben Sie wachsam für mögliche Rückfälle.
- Denken Sie an bestimmte markante Daten im Verlauf eines Trauerprozesses, z.B. Todestag, Geburtstag des Verstorbenen, Hochzeitstag, Weihnachten … Eine kleine Karte, ein Anruf, eine kleine Geste der Anteilnahme können auch nach Jahren noch gut tun!
- Nehmen Sie sich Zeit, selbst vom Trauernden Abschied zu nehmen. Auch für Sie geht eine Zeit zu Ende! Auch für Sie gilt es, sich neu zu orientieren!

Jeder von uns kann ganz rasch zu einem »Freund in der Trauer« werden. Manchen Trauersituationen fühlen wir uns gewachsen, andere scheinen uns so kompliziert und belasten uns selbst so sehr, dass wir außer einer ehrlichen Anteilnahme wenig helfen können. Immer dann, wenn wir uns als Begleiter überfordert fühlen, ist es gut, sich mit anderen Menschen auszusprechen. Jeder Mensch hat Trauererfahrungen im Laufe seines Lebens gesammelt und kann erzählen, was ihm geholfen hat. Manchmal ist es aber auch notwendig, professionelle Unterstützung in die Begleitung eines trauernden Menschen einzubeziehen. »Normale« Trauerbegleitung und »professionelle« Trauerbegleitung sollen sich jedoch nicht ausschließen. Sie können einander ergänzen!

Situationen, die eine professionelle Hilfe nahelegen

- Wenn der Trauernde ganz plötzlich und völlig unerwartet mit dem Tod konfrontiert wird.
- Wenn die Begleitumstände des Todes besonders dramatisch und belastend sind (z.B. Mord, Selbstmord, Gewalteinwirkung, tatsächliches oder vermeintliches Mitverschulden).
- Wenn der Trauernde innerhalb kurzer Zeit mehrere Verlusterlebnisse erfahren musste.
- Bei seelischem und/oder körperlichem Ausnahmezustand des Trauernden (schwere Krankheit, seelische Auffälligkeiten, Selbstmordgefährdung).
- Wenn der Trauernde zusätzlich in einer stark belastenden Lebenssituation steht und/oder keine Menschen hat, die ihm Stütze sein können (Fehlen eines sozialen Netzes).
- Wenn der Trauernde bei früheren Trauerprozessen eine negative Trauergeschichte erlebte und seine Trauer nicht wirklich verarbeiten konnte.

Viele Trauernde haben uns erzählt, was ihnen geholfen hat, mit dem Tod eines geliebten Menschen fertig zu werden. Wir möchten zum Abschluss eine kleine Auswahl wiedergeben.

Was mir geholfen hat: Kleine und große Gesten des Trostes

- Ein Brief mit sehr persönlichen Erinnerungen an meinen verstorbenen Vater.
- Eine wortlose Umarmung am Grab meines Sohnes.
- Eine CD mit entspannender Musik.
- Meine Freundin hat mir viele Wochen nach dem Tod meines Mannes jede Woche eine schöne Blumenkarte in den Postkasten geworfen!
- Eine Einladung ins Kino – ich kann mich nicht mehr an den Film erinnern –, aber der Abend war so gut für mich.

- Das Angebot, den täglichen Einkauf zu übernehmen.
- Auch nach drei Jahren haben meine Freunde nicht den Todestag von Agnes, meiner kleinen Tochter, vergessen!
- Blumen und Süßigkeiten.
- Ein Korb voll frisch geerntetem Gemüse – das war wie ein neuer Anfang.
- Eine Einladung, mit an den See zu fahren.
- Ein gemeinsamer Friedhofsbesuch – allein hatte ich so große Angst!
- Ich durfte immer wieder von Max erzählen!
- Regelmäßige Telefonanrufe, besonders in der ersten Zeit nach dem Unfall von Peter, taten mir sehr gut.
- Spaziergänge und lange Gespräche in der Natur.
- Der Hinweis auf eine Trauergruppe.
- Niemand ist mir aus dem Weg gegangen! Sie haben alle meine Tränen ertragen!
- Nach dem Tod meiner Frau haben meine Kollegen viel für mich übernommen, ganz selbstverständlich und ohne großes Aufsehen.
- Eine Einladung, Weihnachten bei Freunden zu verbringen.
- Das Wissen, zu jeder Tages- und Nachtzeit meine Freundin anrufen zu können.
- Nach dem Tod von Benjamin ist meine Mutter für ein paar Wochen zu uns gezogen. Ich hätte das sonst mit den anderen Kindern allein nicht geschafft.
- Dass mir jemand zugehört hat!
- Anna ist öfter mit Brötchen und einem guten Tee vorbeigekommen. Ich konnte zwar lange Zeit kaum einen Bissen hinunter bekommen, aber so ein paar Schluck und Annas Anwesenheit …
- Mein Mann ist kurz vor Weihnachten gestorben. Viele Freunde haben mir dann Weihnachtsgebäck geschenkt und mir einen wunderschönen Christbaum geschmückt!
- Mein Freund hat nicht locker gelassen und mich immer wieder eingeladen, gemeinsam zum Schwimmen zu gehen – bis ich dann mitging. Das hat mir sehr gut getan.
- Beate hat mir einen wunderbar duftenden Badezusatz geschenkt und ein großes, kuscheliges Badetuch – im Bad konnte ich dann nach so langer Zeit endlich wieder weinen!

- Eine Schachtel mit verschiedenen, bunten Kerzen.
- Ein schön besticktes Taschentuch.
- Sonja hat ein Büchlein zusammengestellt mit all ihren persönlichen Erinnerungen an Mutter – da habe ich meine Mutter plötzlich ganz anders und neu entdecken können. Dafür bin ich ganz besonders dankbar!

Am Ende der beschwerlichen Reise durch das Land der Trauer können viele Menschen die Welt wieder mit anderen Augen sehen. Die Erfahrungen der Trauer haben zwar mehr oder weniger tiefe Spuren hinterlassen, doch das Leben gewinnt zusehends an Farbe. Durch die Erfahrungen der Trauer verwandelt, können viele dankbar und voller Zuversicht den Worten Heinrich Heines folgen:

Und wie viel ist dir geblieben,
Und wie schön ist die Welt!
Und, mein Herz, was dir gefällt,
Alles, alles darfst du lieben!

Empfehlenswerte Literatur

CANACAKIS, J.: Ich begleite dich durch deine Trauer. Kreuz Verlag, Stuttgart

EISER, M.: Noch einmal sprechen von der Wärme des Lebens. Herder-Verlag, Freiburg

FINGER, G.: Mit Kindern trauern. Kreuz Verlag, Stuttgart

KAST, V.: Trauern. Phasen und Chancen des psychischen Prozesses. Kreuz Verlag, Stuttgart

KÜBLER-ROSS, E.: Kinder und Tod. Kreuz Verlag, Stuttgart

KÜBLER-ROSS, E.: Leben, bis wir Abschied nehmen. Kreuz Verlag, Stuttgart

SPECHT-TOMANN, M., TROPPER, D.: Zeit des Abschieds. Sterbe- und Trauerbegleitung. Patmos Verlag, Düsseldorf

SPECHT-TOMANN, M., TROPPER, D.: Wir nehmen jetzt Abschied. Kinder und Jugendliche begegnen Sterben und Tod. Patmos Verlag, Düsseldorf

SPECHT-TOMANN, M., TROPPER, D.: Trauer hat viele Gesichter. Kinder und Erwachsene verstehen und begleiten. Patmos Verlag, Düsseldorf

TAUSCH-FLAMMER, D., BICKEL, L.: Wenn Kinder nach dem Sterben fragen. Herder-Verlag, Freiburg

UFFMANN, A.: Trauern und Leben. Kreuz Verlag, Stuttgart

VON FRIESEN, A.: Du bist tot. Ich muss noch leben. Trauer um meinen Mann. Kreuz Verlag, Stuttgart

FOTOS: Monika Specht-Tomann und Doris Tropper

Die Kraft der Trauer

Jörg Zink
Trauer hat heilende Kraft
48 Seiten, gebunden
Bestellnr. 0790

Dieses Bändchen hat seit Jahren unzählige Trauernde getröstet. Die Kombination ausgewählter Fotos und einfühlsamer Texte von Jörg Zink wird von Menschen in dieser schwierigen Lage immer wieder als hilfreich und wohltuend empfunden.

KREUZ: Was Menschen bewegt.
www.kreuzverlag.de